Despide a tu Narciso

Eva Vera

Nota a los lectores: Esta publicación contiene las opiniones e ideas de su autor. Su intención es ofrecer material útil e informativo sobre el tema tratado. Las estrategias señaladas en este libro pueden no ser apropiadas para todos los individuos y no se garantiza que produzca ningún resultado en particular. Este libro se vende bajo el supuesto de que ni el autor ni el editor, ni la imprenta se dedican a prestar asesoría o servicios profesionales legales, financieros, de contaduría, psicología u otros. El lector deberá consultar a un profesional capacitado antes de adoptar las sugerencias de este libro o sacar conclusiones de él. No se da ninguna garantía respecto a la precisión o integridad de la información o referencias incluidas aquí y tanto el autor como el editor, la imprenta y todas las partes implicadas en el diseño de portada y distribución, niegan específicamente cualquier responsabilidad por obligaciones, pérdidas o riesgos, personales o de otro tipo, en el que incurra como consecuencia, directa o indirecta, de uso y aplicación de cualquier contenido del libro.

Los nombres y los rasgos característicos de las personas se han modificado para proteger su privacidad.

Número de registro de Depósito legal: TF 467-2024.

ISBN: 978 840 962 6038.

DESPIDE A TU NARCISO

CÓMO DECIR ADIÓS AL NARCISISTA DEFINITIVAMENTE

EVA VERA

Gracias a Hugo porque es la inspiración de mi vida y quien me enseña algo nuevo cada día. Este libro es por ti y para ti. TQM.

Gracias a mis padres porque siempre han confiado en mí y me han regalado su apoyo incondicional.

Mi agradecimiento a lodos los hombres y mujeres que se han brindado a contar su experiencia colaborando siempre en ayuda de todas las personas que algún día fueron o siguen siendo víctimas de narcisistas.

Quiero agradecer a Micaela, por su ayuda, su conocimiento y sus pautas, porque gracias a ella descubrí lo que fui, lo que soy y lo que quiero ser.

Gracias a tod@s los familiares y amig@s que se mantuvieron a mi lado y creyeron en mí.

Gracias, gracias, gracias.

INTRODUCCIÓN

Me llamo Eva Vera.

Soy víctima de abuso narcisista.

Parece la típica frase con la que se comienza una película de terapia de grupo de alcohólicos anónimos. Pues está muy cerca de la realidad. El alcoholismo es la adicción a una sustancia tóxica. Mi adicción, sin embargo, es a las relaciones tóxicas. Este es el primer paso que tuve que reconocer para lograr mi sanación, reconocer mi adicción. Luego por el camino tuve que dar otros muchos; difíciles, pero esclarecedores.

¿Por qué mis cuentos siempre acaban con el engaño, traición, mentira y abuso emocional del príncipe? ¿Es que no puedo vivir un cuento en el que no aparezca un príncipe intoxicado?

De esto y mucho más acerca de las relaciones tóxicas vamos a tratar en este libro.

Creo que por mi vida han pasado 3 príncipes tóxicos y algún que otro plebeyo intoxicado. Pero no creo que hayan sido esas relaciones de pareja las que me hayan marcado, sino que he sido yo misma la que ha atraído a esas personas tóxicas a mi vida.

Relaciones tóxicas las podemos encontrar en cualquier área de nuestra vida y en cualquier parte del reino. En la familia, en el trabajo, en la pareja, en los vecinos, amistades, etc. En este libro quiero enfocarme en profundizar las relaciones de pareja que deterioran, invalidan y destruyen a uno de los compañeros.

Una de las cosas más importantes es descubrir si esa persona con la que nos relacionamos es sana o defectuosa. Si ya estamos dentro de la relación, entonces debemos tener claro que realmente queremos salir de ella. Y lo último es aprender cómo hacerlo para sanar definitivamente.

El camino con una persona de alta toxicidad es un camino difícil, agotador, con muchas piedras con las que tropezar y muchas caídas de las que levantar, y no vamos sobre un corcel blanco. Algunos no conseguirán llegar al final y en cualquiera de las caídas se quedarán y volverán atrás.

Hay que seguir, siempre hay que seguir adelante. Aunque notemos que ya no nos quedan fuerzas, aunque veamos todo de color negro, siempre se sale de ahí. Elevar nuestra autoestima es un factor decisivo para transportarnos al siguiente nivel.

Tardé varios años en darme cuenta de lo que había estado ocurriendo en mi vida. La degradación emocional que había estado sufriendo sin ser consciente de ello y los cambios que mi personalidad había experimentado. Yo, ya no era yo. Había mutado, como un alienígena. Aquella muchacha que disfrutaba simplemente si el sol rozaba la piel de su rostro, aquella muchacha a la que le gustaba tanto reír, bailar, socializar, amar a los demás, había desaparecido, se había desvanecido entre tanta tristeza y soledad.

Siempre fui una muchacha que veía a los demás como superiores, todos eran más guapos, vestían mejor, se comunicaban mejor, eran más sociables y exitosos. Pero paradójicamente, era una persona con la que todos contaban casi siempre, ya fuera para trabajar en grupo o para hacer actividades de ocio, o sólo para estar. Ojalá hubiera podido observar mi vida desde mi propio punto de vista y no desde la visión del que quería sentirse supremo a mi lado. Me hubiera gustado poder apreciarme por el valor que aporto a la sociedad y a mí persona, en vez de aquel por el que creo que los demás me ven.

La vida en sí nos ha modelado la personalidad a base de experiencias y momentos vividos. Cada caída, cada golpe recibido, cada dolor asumido, cada alegría celebrada. Yo digo que cada uno de nosotros es y se comporta a razón del peso que haya cargado en su mochila. Y es tal cual como te lo cuento. A menudo juzgamos el comportamiento de las personas sin habernos puesto en sus zapatos y haber caminado su camino.

Y luego está la otra cara de la moneda. Las personas que son excesivamente compasivas y ya sabemos que las cosas en exceso no son del todo buenas. Porque de tu compasión y empatía se aprovechan aquellas personas débiles que no han sabido cultivar sus sentimientos hacia los demás y que sienten envidia por quienes sí lo han logrado. Pero tampoco podemos juzgarlas, porque esas personas a las que llamamos tóxicas lo son precisamente porque su mochila va cargada de abandono, desamparo, sobreprotección, negligencia parental, baja autoestima, pan con chorizo o vete a saber cuántas cosas más.

Con esto no digo que les tengamos pena ni que seamos las personas adecuadas para salvarles de sus designios. Simplemente que no les demonicemos y que nos alejemos lo suficiente para que no nos puedan dañar. Ellos mismos tienen que intentar adaptarse a las normas sociales y a las relaciones sanas. No es nuestra responsabilidad.

La responsabilidad es un factor importante en la comunicación afectiva de la pareja. Al responsabilizarnos de nuestros actos dentro de la pareja, asumimos que nuestras palabras y acciones tienen impacto en el compañero. Sin embargo, en las relaciones tóxicas, no se establece un vínculo sano ya que las palabras y acciones de uno o los dos no van acorde con las necesidades del otro y no tienen una comunicación basada en el respeto. Así que uno siempre se salta los límites impuestos por el otro.

Si no existe la empatía, es imposible establecer la responsabilidad afectiva. Por lo tanto, antes de empezar a cocinar nuestra relación de pareja, debemos colocar los ingredientes sobre la mesa y tener claro que nuestra media naranja tiene la cantidad necesaria de empatía que requiere nuestra receta. Si no es así, mejor será que no te metas a cocinar.

Me encantaría poder decir que todos los testimonios de este libro son puramente ficción y que la narración de los hechos que en él se cuenta nace de la imaginación, pero no puedo porque cada uno de ellos es real, de personas que lo han vivido y sufrido. Los relatos que les cuento en estas páginas corresponden a experiencias reales de personas perdidas en el interior de sus relaciones tóxicas. Personas que han compartido conmigo muchas de sus peores experiencias de la vida. Personas que encontraron en mi grupo de apoyo la protección, el auxilio y la escucha que necesitaban en su momento más difícil de su relación tóxica. Algunas ya habían tomado la decisión de salir de esa prisión y otras aún no habían encontrado la manera de deshacerse de su carcelero. Pero todas, tenían características comunes. Eran fuertes, valerosas, decididas, con una gran empatía, valor personal y estaban decididas a luchar para mejorar sus vidas y las de sus hijos.

La definición de sustancia tóxica dice que es aquella que produce efectos nocivos cuando penetra en el organismo. Esos efectos pueden ser leves, graves o incluso puede llevar a la muerte. En dosis pequeñas no suelen dañar al cuerpo, pero en grandes concentraciones o consumiéndola sostenida en el tiempo, pueden ser perjudiciales para nuestro organismo. El efecto que las sustancias tóxicas producen en nosotros dependerá de:

La duración del contacto.

Del medio por el que el cuerpo es intoxicado.

De la cantidad de sustancia tóxica recibida.

Para obtener el resultado del daño producido, hay que tener en cuenta si el contacto con la sustancia tóxica es único o se produce de manera reiterada. O sea, la tortura de la gota china.

El proceso de intoxicación en las relaciones se asemeja a las características y definición de las sustancias tóxicas.

Las relaciones tóxicas son aquellas en las que uno o ambos componentes causa daño o malestar al otro. Son relaciones destructivas cuyo avance está condenado al fracaso. El sentimiento predominante en estas relaciones suele ser el sufrimiento. Este sentir no suele mostrarse de forma evidente, sino que, por el contrario, se expresa de una forma sutil o encubierta.

Hay dos tipos de personas que se complementan para formar una relación tóxica. Son las personas manipuladoras y las personas vulnerables. La pareja perfecta, ¿verdad?, pues no. Las personas manipuladoras utilizan tácticas perspicaces para envolver a las personas vulnerables en su trampa. Pero ¿cuáles son las personas manipuladoras?

La sociedad en la que vivimos que nos empuja a la búsqueda del éxito personal, así como la necesidad de aprobación externa y la exigencia propia de una imagen de perfección llevada al límite, ha generado la expansión de las conductas narcisistas entre la población. Te lo explico de otra forma, el ego nos hace cada vez más malos. La personalidad narcisista es muy difícil de reconocer desde la fachada. Gracias a la lectura de estas páginas aprenderás a identificar el trastorno narcisista de la personalidad, a describirte como víctima de abuso y a utilizar las herramientas necesarias para liberarte del apego y del Príncipe tóxico.

Según John Bowlby, psiquiatra y psicoanalista infantil, la capacidad de resiliencia está influenciada por el vínculo formado en los primeros años de vida. Por lo tanto, el vínculo que se establece entre el niño y su cuidador en los primeros años de vida es determinante en la conducta y desarrollo emocional de la persona. El tipo de apego se reconoce en los miedos e inseguridades de los adultos y en la manera en que éstos los afrontan.

A lo largo de mi vida amorosa, he pasado por experiencias dolorosas a las que nunca llegué a poner un nombre concreto. Como si de un patrón de costura se tratara, mi vida en pareja se repetía y repetía siempre con los mismos resultados. No fue hasta ahora que descubrí que en mí habitaba una personalidad que, de alguna manera, atraía a un estereotipo concreto de parejas. Algo tendrá que ver con mis creencias limitantes del pasado. Mi infancia había modelado mi autoestima y mi personalidad convirtiéndome en persona atractiva para el deseo narcisista. No por mi aspecto físico, no, sino por mis cualidades de empatía y compasión, así como mi fortaleza y resiliencia ante las dificultades.

Me atrevo a decir que si tienes este libro entre tus manos es porque sientes que estás en una espiral de la que intentas salir, pero alguna fuerza centrípeta te empuja hacia adentro impidiéndote escapar. Conozco esa situación.

Es como una lucha interna en la que tu mente te dice ¡huye! mientras tu corazón te dice, ¡espera esto va a cambiar!

El motivo por el que me he decidido a escribir este libro-guía no es otro que el de brindarte mi ayuda si sientes que te encuentras atorada en relaciones que no te permiten respirar o que no te permiten una libre expresión de ti mism@, o quizá pudiéndote expresar, has perdido tu esencia como persona, has perdido tu luz.

El daño sufrido por las relaciones con los demás deja una cicatriz en nuestra vida tan grande que en ocasiones es imposible recuperar la persona que algún día fuimos en el pasado.

La mochila con la que cada uno de nosotros ha tenido que cargar y el camino que nos ha tocado recorrer, son factores importantes que han hecho que nuestro vaso se llenara de lodo. Pero, si desbordamos nuestro vaso con agua limpia, con el tiempo, veremos cómo el agua sucia termina por salir. Con esto solo quiero decir que nuestra vida se ha llenado de tristeza, enfado, apatía, hipervigilancia, dudas, celos, y un montón de perturbaciones oscuras. Nuestro corazón, necesita que lo llenemos con amor, con alegría, con empatía, felicidad, diversión, con todas esas emociones buenas que harán que las malas se desborden y desaparezcan de nuestras vidas.

En los capítulos de este libro encontrarás relatos que te harán pensar, que harán que crees un vínculo entre tus experiencias y las de otras personas que han pasado por tu mismo calvario, podrás utilizarlos como escalón para subir peldaño a peldaño hacia la cima de tu felicidad. Recuerda que lo importante no está al otro lado de la montaña, lo importante es disfrutar y aprender en la escalada. Así que no te centres en los resultados, sino ve aprendiendo del día a día hasta que llegues al otro lado.

A menudo no somos conscientes de la importancia de tener la capacidad para reconocer o identificar a las personas tóxicas y su comportamiento. Este es el primer paso para entender la situación en la que nos encontramos y poder afrontar la solución que debemos aplicar. En la gran mayoría de los casos, la única solución es abandonar y huir, la lucha no sirve de nada. Solamente sirve para llenar tu vaso de más barro. Las personas que crean relaciones tóxicas, ya sea familia, amistad, pareja, o en el trabajo, no lo hacen por tener algo en tu contra de forma concreta. Las personas tóxicas, se comportan así porque su vacío interior no les deja sentir empatía hacia los demás, les impide ser felices porque se sienten vacías. Un vacío imposible de llenar. Pero su vulnerabilidad, genera en ti tristeza, inseguridad, pierdes tu dignidad y destruyen tu autoestima de un plumazo.

Aquellas personas que proyectan la toxicidad en sus relaciones no son más que infantiles dañados en sus primeros años de vida. Daño que penetró tanto en el interior de sus mentes y almas, que nunca pudieron sanar. Pensaréis que me contradigo y que estoy intentando justificarles, pero no es así. El hecho de que esas personas no hayan elegido ser tóxicas, o ser narcisistas, no nos hace a nosotros responsables de sus alteraciones. No permitamos que la compasión se apodere de nuestro estado, porque ha sido esa persona la responsable de que quedaras atrapad@ en esta tela de araña de emociones empobrecidas. Esa persona que ha actuado en tu contra a sabiendas de lo que te ha estado haciendo y por lo que no ha sentido ningún remordimiento.

Hay muchos tipos diferentes de trastornos mentales. Según la Organización Mundial de la Salud, en 2019, una de cada ocho personas en el mundo padecía un trastorno mental, entre los que se encuentra el Trastorno Narcisista de Personalidad. Estos últimos ocupan el Grupo B de Psicopatías dentro del conocido DSM-IV-TR (American Psychiatric Association, 2000).

Al nacer, ya venimos con una parte de nuestra personalidad en el disco duro humano. Pero con el tiempo, las relaciones sociales o familiares ejercen su influencia sobre la persona, ya sea de manera voluntaria o involuntaria, que va modelando su personalidad. Cuando el paso por la vida es traumático, bien sea por algún tipo de abuso o bien por falta de afecto y abandono, la persona puede terminar adoptando una conducta inadaptada con la finalidad de protegerse de aquello que le han hecho en la infancia. En la edad adulta, esta defensa se refleja en varias conductas de escasa productividad social y falta de conciencia moral. O sea, que ni trabaja, ni colabora, ni es afectivo, ni sociable, es decir, un chupóptero.

Te invito a adentrarte en las siguientes páginas comprometiéndome a acompañarte en el camino hacia tu recuperación. Encuentra en el interior de esta guía mis propias experiencias, así como las de otras víctimas de abuso narcisista que te describo con hechos reales; cómo fueron manipuladas y cómo lograron liberarse del manejo de su agresor. Te brindaré algunas herramientas que te facilitarán el camino a tu libertad emocional. Confío en que puedas exprimir al máximo mis palabras para favorecer el avance hacia tus logros. Eres fuerte, eres valiente, eres merecedora de tus metas, tienes derecho a tu felicidad.

Creo en ti.
Te espero dentro. TQM.

ÍNDICE

PARTE III. PLAN DE ACCIÓN

PARTE IV. TU PLAN DE SANACIÓN

PARTE V. EL RENACER

PARTE I
IDENTIFICACIÓN

CAPÍTULO I

IDENTIFICANDO AL NARCISISTA

Su personalidad, rasgos más comunes

Según cuenta la mitología griega, Narciso era un joven que sobresalía por ser extremadamente bello. Las ninfas se enamoraban de él solamente con mirarle, lo que generaba en éste un alto grado de vanidad. Él mismo reconocía su propia belleza y atractivo, hasta tal punto que era incapaz de apreciar tales atributos en otra persona o incluso en la naturaleza.

Siendo muy pequeño, sus padres consultaron al adivino del pueblo con el fin de conocer el destino de su hijo. El adivino les anticipó que su hijo viviría muchos años y sería muy feliz, pero siempre y cuando nunca pudiera contemplar el reflejo de su rostro.

Narciso no tenía la capacidad de sentir empatía o amor hacia nadie. Ni siquiera por Eco, una ninfa bella locamente enamorada de él a quien Narciso rechazó con gran desprecio y desdén. Ante el cruel rechazo de narciso hacia la ninfa, la diosa Némesis experimentó un enorme enfado que le llevó a urdir un terrible plan de castigo a Narciso.

Mientras el joven se encontraba cazando en el bosque, Némesis le convenció para que se acercara hasta un arroyo cercano de aguas puras y cristalinas como un espejo. Al inclinar su cuerpo sobre el arroyo para beber agua fresca, descubrió el reflejo de su rostro en el agua, se quedó prendado con tanta belleza que había descubierto. Aquel reflejo le atrapó de tal manera que no podía dejar de mirarse, era tan fuerte la atracción que sintió hacia sí mismo que el joven Narciso se enamoró locamente de sí, sin percatarse de que aquella imagen era la suya propia. Pero su perfil no correspondía con el sentimiento platónico que él esperaba albergar. Cuanto más se contemplaba, más triste se ponía y más crecía el vacío en su interior. Hasta que, en un descuido al inclinarse, cayó al río y se ahogó.

En nuestros tiempos, los narcisistas corresponden a las características de aquel joven de la mitología griega, con la salvedad de que sus propiedades, con el paso de los años, han generado conductas que dañan a las personas que se aproximan a su entorno amoroso. Tener algunos comportamientos que coincidan con los rasgos narcisistas, no asegura que la persona padezca Trastorno Narcisista de la Personalidad. Este trastorno es más complejo, se trata de un espectro, por lo que puede haber diferencias entre unos y otros y encuadra un ciclo de abuso a su víctima que en adelante te muestro.

¿QUÉ ES EL TRASTORNO NARCISISTA DE LA PERSONALIDAD?

Se trata de un trastorno mental por el cual una persona siente una fascinación desmesurada por sí mismo. Se cree grandioso. Siente la necesidad imperiosa de adulación positiva externa, se sienten con más derechos que los demás, así como envidia por los logros ajenos, se comporta de manera arrogante, hace uso de su astucia con tal de alcanzar su objetivo. Por lo general poseen una personalidad falsa y frágil autoestima, adoptan roles superficiales y pretenciosos con la esperanza de hacerse más aceptables a ellos mismos y hacia los demás. En su interior se esconde una personalidad emocional débil que carece de un propósito de vida significativo. Estas personas se caracterizan por ser extremadamente exigentes con los demás. La felicidad no es una de sus satisfacciones, difícilmente pueden llegar a ser felices porque son incapaces de llenar su vacío interno ni de experimentar sentimientos por nadie aparte de por sí mismos.

Este trastorno genera muchas dificultades a quienes tienen que compartir su vida con la persona que lo padece. Sin embargo, la persona narcisista no se escapa de sufrir sus propios contratiempos padeciendo en sus carnes episodios de ansiedad y depresión bastante a menudo.

Déjame que te cuente la historia de Pablo.

Pablo, es un niño como cualquier otro nacido en el seno de una familia de clase media. Es el primogénito de la unidad familiar. Un niño que llegó a este mundo bajo la duda de si realmente era deseado por la pareja o no. Sus padres, aún inmaduros en edad y experiencia recibieron a Pablo asumiendo las responsabilidades que su crianza acarreaba, pero con muchos miedos e indecisiones.

Su madre, empleada de una conocida cadena de supermercados y su padre trabajador social, llevaban una vida acomodada sin grandes lujos. Tras el nacimiento de Pablo, su madre abandonó el trabajo para dedicarle más tiempo al cuidado de su hijo. Su padre, continuó con su empleo.

Hasta aquí todo va sonando normal, excepto por que su padre, adicto al alcohol, bebía tanto que había estado a punto de perder su trabajo en varias ocasiones. A menudo, sus compañeros tenían que ir a buscarle a su casa para que acudiera al trabajo que por culpa de la borrachera que había pillado la noche anterior, no se había levantado. Un padre que, por cualesquiera que hayan sido los motivos que le llevaran a esa situación, se inclinaba siempre a favor de sus amistades y conocidos, y, en mucha menos medida, o incluso en ninguna medida, a su esposa e hijo. De ahí, que Pablo creciera en un entorno de abandono y falto de atenciones por parte de su padre. Como se suele decir, "era un padre ausente". Por otra parte, su madre, fue modelando la personalidad de Pablo a su criterio de forma involuntaria, o a sabiendas, no se puede tener claro, para convertirle en lo que es hoy en día. Una persona con trastorno narcisista de la personalidad.

Pablo, desde edad temprana mostraba capacidad deportiva por encima de la media. Destacaba en cualquiera de las disciplinas deportivas que practicaba, que de hecho fueron muchas. Pero fue en el fútbol donde se hicieron más evidentes sus habilidades físicas.

En las reuniones familiares haciendo eco del pasado, la madre de Pablo entretenía a los allí presentes con relatos de las hazañas futbolísticas de su hijo, en las que siempre él quedaba en segundo plano, para posicionarse ella como la actriz principal del show. Ejemplo de ello, en una ocasión, un jugador contrario aplicó una dura falta sobre la pierna de Pablo. Éste cayó al suelo sintiéndose resentido por el fuerte dolor. Había sido una jugada espectacular por parte del niño en el partido, sin embargo, en el momento de la narración por parte de su madre, ésta se centró únicamente en sobresalir como protagonista, detallando cómo ella, en un momento de exaltación, defendió a su hijo por encima de cualquier opinión en la grada e incluso discutió fervientemente con el árbitro. Una vez más ella era la "estrella", Pablo parecía que ni siquiera había estado en el campo aquel día.

Así, con el paso de los años, se fue forjando la personalidad de Pablo, con un carácter evitativo, asimilándose a sí mismo como un individuo no aceptable o no lo suficientemente bueno, aplicando a su autoestima un complejo de autodesprecio y creando en su interior una personalidad falsa que ocultara sus verdaderas inseguridades. Pablo en su edad adulta proyecta roles superficiales y pretenciosos con la esperanza de hacerse reconocer por los demás como un individuo seguro de sí mismo, con gran valía y obtención de grandes metas. A la vista de las personas que no forman parte de su entorno más íntimo, los narcisistas se muestras como magníficos, aparentan ser buenos y carismáticos con los demás, con una máscara de quita y pon, que desaparece cuando entra en su entorno privado para suministrar su dosis de abuso emocional, haciendo sentir ninguneado a aquel con quien comparte su vida.

En la ardua tarea de no mostrar su fragilidad interior, los narcisistas van adquiriendo un comportamiento muy estudiado de sus acciones para no dar a entender en público su personalidad vulnerable. La autopercepción de sí mismos les recuerda constantemente que en su interior no habita esa personalidad genuina que ellos quieren exhibir hacia el exterior. Es por eso, se convierten en expertos mentirosos y por ese mismo motivo, es por el que en muchas ocasiones padecen depresiones o ansiedades.

En resumen, el trastorno de la personalidad narcisista no es una patología con la que se nace, sino que se trata de rasgos que los propios sujetos van adquiriendo a partir de sus experiencias traumáticas, atributos que les ayudan a escapar de su fragilidad emocional y su baja autoestima.

CAPÍTULO 2

¿QUIÉN ERES TÚ?

Su comportamiento en pareja

Ahora que ya conocemos un poquito algunas de las causas por las que se forman las personalidades narcisistas, es el momento de aprender sus comportamientos más habituales.

Presta atención para poder identificar a un narcisista con claridad.

Atendiendo a las diferentes conductas de esta patología, encontramos a los narcisistas abiertos o narcisistas encubiertos. Ambos son manipuladores y aplican daño emocional o físico sobre sus víctimas, pero con un modus operandi diferente según su tipo.

Los narcisistas abiertos, suelen darse a notar por su arrogancia. En las reuniones quieren ser siempre los que llaman la atención para que, los allí presentes, se fijen en él y le admiren. Suelen tener comportamientos extrovertidos, muy abiertos a interactuar con los demás y ser carismáticos. Por lo general saben ganarse al público y los aplausos con su simpatía.

En la descripción del testimonio de Carla identificaremos rasgos en los que más adelante vamos a profundizar.

Carla, hermana menor de Sergio, fue educada en la más rigurosa de las costumbres pueblerinas. Su hermano era el privilegiado de la casa, sólo por tener condición de hombre, así que disfrutaba de muchas libertades que a ella le habían sido negadas. Cuando alcanza sus 13 años, se traslada a la casa de unos familiares a cargo de su hermano en la ciudad, para cursar sus estudios medios. Para ella todo es nuevo y sorprendente. En su crianza le habían dejado bien claro que sus capacidades no eran valerosas y que intentara ser la mejor esposa posible porque ella no servía para otra cosa, y era flojita para estudiar. Carla, sin embargo, tenía otras cualidades creativas y comerciales que nadie había sido capaz de descubrir. Para sus padres, su hermano era el inteligente y avispado. La autoestima de Carla ya estaba muy rebajada después de recorrer el camino de su propia vida. Fue en su adolescencia cuando conoció a quien ahora es su marido y padre de sus dos hijos. El chico, tenía un carácter sumamente dócil, muy educado, servicial, empático y sobre todo muy trabajador, "un amor de hombre" como se suele decir. Pero no tenía los estudios y el trabajo que a los padres de Carla les hubiese gustado para su hija. Así que, mantener su relación de pareja, les costó muuuuuy mucho. Pero se casaron y con los años llegaron los mellizos. Entonces, las responsabilidades como padres de familia, los inconvenientes económicos y alguna que otra condición, hicieron que la relación de Carla y su esposo fuera cada vez a peor. Pedro, en apariencia seguía siendo aquel perfecto marido, colaborador, cariñoso y atento con su familia a la vez que ocupado y preocupado por sus hijos. Pero al cerrar la puerta de casa, el cuento que se contaba en el interior no era el mismo que se veía en la pantalla de fuera. Carla sufría incesantes vejaciones verbales y emocionales por parte de Pedro. Los niños eran ninguneados por su padre que les negaba la atención con gestos de desprecio y respuestas hirientes. Por su parte, Carla vivía con el corazón en un puño, intentando evitar, de cualquier manera, que la bestia que vivía en él despertara y se mostrara ante ella. El volumen del cuerpo de Carla, deteriorado por el embarazo y la dejadez producida por los años de depresión que llevaba sufriendo en silencio, le impedían ser una persona ágil a la reacción. Fue aquel día. Aquel en el que la discusión se salió de madre y que, sin esperarlo, él la agarró por el cuello y la empujó contra el armario del pasillo golpeándola y haciéndola caer al suelo. Ella inmovilizada por el miedo y la incredulidad de que él hubiera sido capaz de semejante hazaña no pudo hacer más que llorar de impotencia. Tras ese día, la acción se repitió en varias ocasiones más como si le hubiesen dado pistoletazo de salida y permiso para actuar. En la actualidad, Carla sigue conviviendo con esa situación porque su dependencia económica y su apego emocional le impide alejarse del narcisista abierto maltratador.

En el relato de Carla nos encontramos con el tipo de narcisista disfuncional abierto. El deterioro de la pareja desencadenó en Pedro la pérdida de reconocimiento externo por parte de ella dejando caer su máscara de narcisista y mostrándose tal como había sido siempre, pero sin su careta. Pedro, aunque en su casa ahora es perverso e irradia malignidad, mantiene su falsa imagen en el exterior, generando en Carla una gran inestabilidad emocional y exponiendo a la vista de los demás, un mensaje de la imagen de ella como desequilibrada mental. Más adelante veremos esta actitud en una de las fases del abuso. (La Difamación)

Pero el narcisista no siempre actúa de una forma agresiva y directa. Su abuso muchas veces se basa en un comportamiento pasivo que lleva a desestabilizar a su víctima haciéndole dudar de sus capacidades cognitivas.

Es el caso de Laura. Una mujer de alto valor intelectual, independiente, creativa, alegre, distraída, en resumen… feliz.

Cuando Laura y Félix se encontraron por primera vez, éste aplicó todos sus dotes de Don Juan para conquistarla. Laura se encontraba en un momento de plenitud personal, y casi no prestó atención a que Félix le "tiró la caña", ella estaba a otra cosa, su vida era completa. Pero éste insistió e insistió hasta que consiguió una cita con ella. A ella no le llenaba del todo ese hombre. En alguna ocasión incluso le comentó a él que su actitud le parecía un poco fingida. Pero él, salió por peteneras. Otra vez, ella se encontró con una sensación de manipulación mínima e igualmente se lo hizo saber a Félix. Como él ya conocía la experiencia de Laura con su divorcio anterior, pronto respondió "no te equivoques conmigo, yo no soy como tu exmarido" haciendo creer a Laura que él era mejor persona que quien había sido su pareja anterior. Ella, en ese momento se sintió avergonzada por haberle hecho ese agravio comparativo a Félix. Continuaron viéndose días sueltos, luego más a menudo y finalmente él se instaló en su casa en poco tiempo. Aquel primer año fue un como una luna de miel interminable. Atenciones, viajes, paseos, restaurantes, escapadas de hotel...una vida idílica. De repente todo desapareció como por arte de magia. " Plish Plash" Aquella persona para la que Laura era como una diosa griega, se había convertido en una estatua de sal. Inmóvil como una escultura, ni una palabra bonita, ni un gesto agradable, ni un mínimo de afecto o empatía. Pero tampoco mostraba enfado, ni malestar, ni peleaba, era como si no estuviera, estando presente. Sus palabras se clavaban en el pecho de Laura haciéndola culpable de su actitud una y otra vez, ninguneando sus ideas o propuestas, haciéndola desaparecer como persona y dejando que la tristeza se la tragara en el pantano como a "Artax el caballo de Atreyu en la Historia Interminable". Y Laura desapareció, perdió su identidad. Y en su lugar surgió un personaje oscuro, de mal carácter, de protestas continuas, de peleas incesantes a las que le acompañó la soledad, dependencia emocional, el deterioro físico y mental. Y Félix se mostró al mundo como la víctima de los malos tratos ejercidos por el carácter destructivo de Laura.

El proceder de Félix, narcisista patológico encubierto, fue el responsable de generar, de forma silenciosa y mediante el abuso continuado, la destrucción sistemática de su víctima. ***La gota china que mencionamos anteriormente.*** En este caso, el motivo que pudo haber llevado a Félix a actuar de esta manera podría haber sido encontrarse de frente con la intensidad de luz con la que brillaba Laura. Actitud y aptitudes que él sabía que nunca encontraría en sí mismo. Por lo tanto, no podía sentirse exitoso junto a una mujer de tanto talento, él no valora a nadie más que a sí mismo. La manipuló hasta conseguir que ella misma destruyera su valerosa vida y se sintiera culpable de sus acciones. Y lo hizo sin sentir remordimientos ni culpa por ello.

En este capítulo hemos revelado el tipo de narcisista encubierto en nuestro amigo Félix. Esta variante se presenta más sutil que la de nuestro amigo Pedro. Este es un estereotipo especialmente difícil de detectar porque adopta fachada de timidez y vulnerabilidad, así como victimismo que les hace parecer bondadosos y compasivos, pero contrariamente tienen una gran falta de confianza en sí mismos. Este modelo de narcisismo a menudo presenta aparente humildad y modestia exagerada. A menudo utilizan su vulnerabilidad percibida para manipular a las personas de su entorno. Una característica que les diferencia de los narcisistas abiertos, es que en ocasiones el narcisista encubierto utiliza su empatía fingida para lograr situaciones en su provecho.

A veces encontramos a ese amigo, familiar, vecino o nuestra pareja misma que evita relacionarse con un grupo de personas. Evitan esas reuniones que a casi todos nos gusta disfrutar, bien sea porque estamos en familia como navidad, cumpleaños, o una simple cena entre conocidos. El motivo de esta actitud se apoya en que el narcisista vulnerable teme compararse con otros por miedo a encontrar otra persona que le supere, o quizá por propia envidia. Las relaciones sociales les generan ansiedad social. Además, al ser muy sensibles a la crítica, a menudo pueden ver agravios donde no los hay. Por supuesto, dentro de su grandiosidad y su falsa modestia, siempre eluden de hacer tareas que consideran que están por debajo de su nivel.

Pero todas estas características no son suficientes para demonizar a las personas que sufren de este trastorno de la personalidad, porque no debemos olvidar que ellos conviven con su lucha interna experimentando síntomas de depresión y ansiedad, que les hace sufrir a ellos también, porque en la mayoría de los casos, no están diagnosticados o no quieren asumir que tienen una enfermedad mental.

Las fases de actuación las veremos en próximos capítulos. En ellos te revelaré las fases del ciclo narcisista con algunas de sus características más importantes para que puedas situarte en el momento del bucle de manipulación en el que te encuentras ahora mismo.

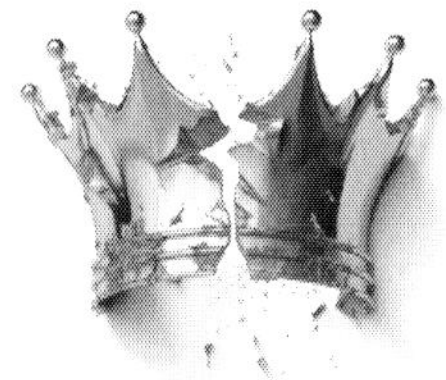

CAPÍTULO 3

LAS DEBILIDADES DEL TITÁN

Los puntos débiles de los narcisistas

Tras mi propia experiencia y después de estudiar cientos de casos de abuso narcisista, he llegado a la conclusión de que el individuo con quien nos relacionamos no es tan poderoso como quiere aparentar. Su comportamiento hacia nosotros no es más que el resultado de intentar acallar sus miedos y sombras internas que le atemorizan inevitablemente.

En estas líneas quisiera describir los puntos débiles de los narcisistas, mostrándote las posibilidades de triunfo con que cuentas, para defenderte de situaciones de alto grado de estrés.

Antes de sumergirnos a descubrir los miedos de estas patologías, debemos saber distinguir entre dos tipos importantes. narcisistas grandiosos y narcisistas vulnerables.

- El grandioso es más agresivo, cuidado con ellos. Echar mano de la cautela porque su reacción puede ser violenta.
- El vulnerable, sin embargo, suele victimizarse y su autoestima es más frágil.

Comencemos a desgranar su talón de Aquiles:

1. SOLEDAD O ABANDONO

Apoyándome en las sabias palabras de Publio Siro donde dijo: "*Quien vive sólo para sí mismo, al final deja de existir para los demás*" me atrevo a decir que, si el narcisista fuera consciente del significado de estas palabras, probablemente rectificaría en sus acciones. Pero el miedo a ser abandonado le empuja a rodearse de gran cantidad de víctimas, que giren entorno a él, los llamados "monos voladores". De esta manera se envuelve en una red de seguridad que le protege de quedarse solo en caso de que uno de los eslabones de su cadena le falle. Difícilmente encontraremos a un narcisista que viva en solitario durante largos períodos de tiempo. Cuando esto ocurre, no tarda en desplegar sus artes seductoras para capturar, de forma inmediata, a una nueva presa que abrigue y oculte su miedo.

Esta información, nos ayuda a valorar que no somos las únicas personas que formamos parte de la trampa. Basándonos en eso, lo ideal sería poder salir de la red sin hacer mucho ruido, sigilosamente, usando excusas amables, postergando los encuentros a más adelante... de esta forma y sin darnos cuenta enfocará su atención en otros puntos de su estructura permitiéndonos escapar por una rendija.

Como ya hemos hablado, su máxima necesidad es que lo reconozcan y admiren. Por lo tanto, uno de los puntos que el narcisista aún no es capaz de encajar en su vida es la invalidación. Pero no es el único. Un narcisista necesita sentirse en superioridad de las personas de su entorno, por lo tanto, otro de sus miedos es topar con otro narcisista que le supere, que destaque más que él sin que éste pueda sacar ningún beneficio.

Si juntamos la información que hemos recopilado hasta ahora, es posible que encontremos que uno de los mayores miedos del narcisista sea él mismo. Mirarse en su interior y tener que aceptar que su valor no es el que realmente ellos se han hecho creer a sí mismos, es una de sus mayores debilidades. Su ego está tan inflado que les podría suponer un gran problema si descubrieran su vacío interno.

Realmente, el narcisista es un conjunto de miedos que le invaden a cualquier hora del día y durante cualquier día del año. Forma parte de su tortura diaria, el inevitable conocimiento del deterioro progresivo del cuerpo y la belleza. El paso de los años es uno de los miedos más tortuosos que el narcisista padece. La incertidumbre que le genera un futuro incierto en cuanto a conseguir combustible, es un continuo malestar ansioso e incluso depresivo. El miedo a sentirse mayor, en soledad o abandono le acompaña para siempre.

Una vez oí decir: *"Alguien que modifica toda su personalidad para entrar en la vida de otras personas, que finge quien no es para agradar o para entrar en un entorno y que invierte tanta energía para ir de pareja en pareja, es sí o sí alguien a quien le da miedo la soledad". (Luna Egea)*

2. AUTOANÁLISIS O AUTORREFLEXIÓN

Una de las debilidades más pronunciadas del narcisista es su incapacidad para mirar en su interior e intentar conectar con su yo personal, es una tarea que le aterroriza. No aceptan sus múltiples inseguridades. Casi siempre son conscientes de sus rasgos narcisistas, pero no les importa o consideran que serlo es algo bueno.

El narcisista no puede estar demasiado tiempo solo, esto le llevaría a aceptar la persona que es en realidad. Esa persona con su interior lastimado, dependiente, frágil, viviendo una vida de imitación, una parodia, representando algo que realmente no es. El narcisista prefiere no mirarse adentro para no reconocerse.

Los resultados del estudio realizado por la doctora Erika Carlson de la Universidad de Washington fueron publicados en la revista Journal of Personality and Social Psychology con la conclusión siguiente: "*Es mi personalidad. Me gusta tal y como soy, incluyendo mis partes más oscuras*". El narcisista no siente culpa ni remordimientos por sus malas acciones hacia los demás.

3. VULNERABILIDAD

El problema de su autoestima. El narcisista no tiene capacidad para administrar sus emociones. Tienen tendencia a la depresión y a la ansiedad. Una de sus debilidades más evidentes es la de sentirse incomprendidos. Se reconocen a sí mismos como víctimas.

Rocío tiene 49 años. Desde hace un año viene notando algunos signos de enfermedad. Siente mareos, opresión en el pecho, hipertensión, a veces escalofríos, su pulso se acelera. En fin, una interminable lista de síntomas que han motivado continuas visitas a los centros médicos. Se siente perdida, no sabe qué le pasa porque todas las pruebas del hospital devuelven buenos resultados y

buen estado de salud. Rocío es narcisista, aunque ella aún no lo ha descubierto. Su sintomatología proviene del fondo de su inestabilidad emocional. Lleva 15 años conviviendo con su pareja. Durante todo ese tiempo, ha administrado dosis de manipulación sobre David. Sus técnicas de refuerzo intermitente, así como la aplicación de la ley del hielo y sus mentiras constantes, han generado en él un caos mental, pero sin darse cuenta, ha despertado en ella el demonio de la ansiedad y su monstruo interior.

A menudo, la inseguridad del narcisista es un disparador de su ansiedad. Cualquier indicio de debilidad puede destruir su autoestima. El esfuerzo por mantener la imagen imperturbable de poder y éxito paradójicamente puede devastar su grandiosidad. Al enfrentarse a esas situaciones de difícil absorción, es cuando pierden el control y aparecen los síntomas de depresión y ansiedad.

4. IMAGEN PÚBLICA

La vida de los narcisistas gira entorno a la imagen que proyectan al exterior. El narcisista se comporta en cada momento tal como los demás esperan que lo haga. Para ello se camufla en su entorno y se mimetiza en la personalidad de quien tiene enfrente con esa gran habilidad que ha venido desarrollando a lo largo de su vida, de conocer a las personas a quienes les interesa agradar o seducir. Es entonces cuando sale a relucir su encantadora personalidad, su carisma y su exquisita educación, todo para ofrecer la imagen pública que en cada momento le interesa dar a conocer. La imagen que confunde a quien no le conoce en la intimidad, la que proyecta al mundo, es una imagen falsa de sí mismo, que no puede permitir que se dañe bajo ningún concepto. Recuerda que se alimenta de aprobación externa y por ello tiene que dar una imagen social de perfección.

Las personalidades más débiles son las que suelen derrumbarse más rápido ante cualquier fracaso. Para el narcisista, uno de sus mayores fracasos sería la humillación pública de mostrar su auténtico yo, imagen que ha tratado de disfrazar para no exhibir su verdadera personalidad. Exponerse ante el mundo exterior como realmente es, le haría perder la reputación que ha venido construyendo desde la adolescencia.

Después de haber hecho un recorrido por los miedos y vulnerabilidades del narcisista, me gustaría que conocieras también que, éstos pueden sufrir varios colapsos a lo largo de su existencia.

¿QUÉ ES EL COLAPSO NARCISISTA?

En el transcurso de su vida, el narcisista sufre varias caídas y depresiones. Si el narcisista queda expuesto ante su entorno, es un motivo más que suficiente para provocar un estallido de ira. A este estallido de ira es a lo que llamamos colapso, que también puede darse por la pérdida de suministro. Cuando esto ocurre, se siente desesperado, necesitado de nuevo suministro. El vacío interno se incrementa y en ocasiones puede actuar de manera errática o impulsiva. Entonces, de forma urgente, se pone a la búsqueda de nuevos suministros, un nuevo trabajo, nuevo entorno en el que moverse, una nueva vida que le aporte nuevos suministros. Otras veces, si no son capaces de obtener nuevos suministros para rellenar sus huecos emocionales, pueden caer en depresión o desregulación emocional, incluso hay veces en las que tienen aislamiento social. El colapso también se puede definir como ese berrinche infantil que se produce en el interior del narcisista cuando ve que su imagen de grandiosidad ha sido devaluada. Pero la reacción en el colapso no es algo que nos haga pensar que está derrotado, sino todo lo contrario. Es un momento peligroso porque pueden expresar esa ira en forma de violencia tanto física como psicológica. Cuando el narcisista se siente humillado, lo refleja hiriendo a los demás, sobre todo aquel que es su suministro más cercano, como por ejemplo su pareja; por eso se aconseja estar preparados para saber reaccionar en el momento en el que el narcisista explote al ver su fragilidad exteriorizada ante todos. Así que anótate cuáles pueden ser los desencadenantes del colapso narcisista:

- Cuando quedan en evidencia públicamente.
- Cuando les abandona su pareja.
- Cuando su suministro les priva de la atención.
- Cuando su estatus familiar, de amigos o laboral desaparece.
- Cuando les despiden del trabajo.

La manifestación de la conducta durante el colapso puede venir representada por diferentes gestos. Entre otros

- Ofensa. Se sienten ofendidos por aquel que le haya privado de su suministro de grandiosidad.
- Agresividad. Muestran conductas agresivas verbales, físicas o psicológicas.

- Desconfianza. Adoptan una postura defensiva con la gente de su entorno.
- Suicidio. En ocasiones, si el narcisista no es capaz de conseguir nuevo suministro, se aísla de tal manera que le invade la depresión, que podría llevarle a quitarse la vida dependiendo del grado de fragilidad y hundimiento que sienta éste.
- Ley del silencio. Incluso en momentos de colapso, la ley del hielo les sirve de herramienta como medio de explosión de ira.

El colapso del narcisista no significa que haya tocado fondo, es un momento de inestabilidad que éste lo escenifica en forma de ira.

Pero ¿es posible que el narcisista toque fondo?

Nuestra amiga Aurelia P. opina por su propia experiencia que los narcisistas no tocan fondo nunca. Cree que estos seres cuando se ven vulnerables cambian de ambiente, de amistades o de lugar para hacerse con nuevos suministros que no le conozcan y con su nuevo disfraz comenzar un nuevo ciclo depredador y de abuso.

Hay estudios que confirman que el narcisista vive en un continuo desequilibrio emocional, para lo cual ha fabricado un mecanismo que protege su fragilidad. Este colapso es generado en la infancia de manera que su desarrollo emocional se ve altamente afectado por ese personaje, creado para encubrir sus debilidades y que se alimenta de mentiras, sufriendo su propia pena interior. Pero esta pena no la sienten por remordimientos y necesidad de cambiar el daño causado, no, sobre todo lo experimentan por no poder enfrentarse a sí mismos y a su interior desgarrado en su infancia.

Pero los narcisistas no pueden cambiar después de tocar fondo, porque su visión de sí mismos les impide creer que tienen defectos. Cuando tocan fondo, su plan es renovarse, no para cambiar su forma de comportamiento hacia sus víctimas o demás personas, sino todo lo contrario, para mejorar sus tácticas de manipulación y destrucción, y así evitar en el futuro, volver a caer al abismo. Su propia esencia no encaja con cualquier forma de cambio o alteración de su estado.

Así que nuestra amiga Aurelia, en parte tiene razón, porque el narcisista sí que puede llegar a tocar fondo, pero no se mantiene allí por mucho tiempo y siempre encuentra la forma de sufrir ese cambio necesario para volver a su patrón de siempre. Su incapacidad de aprender de sus patrones destructivos le lleva a reiniciar su ciclo nuevamente con ausencia de remordimientos. Cada nuevo suministro es como un parque momentáneo que alivia el sentimiento de vacío interior, pero nunca satisface plenamente su desierto emocional.

La frustración del narcisista es tener que convivir día a día con ese "yo" frágil y vulnerable que tanto les disgusta.

¿QUÉ PASA CUANDO LES LLEGA SU HORA?

No está totalmente demostrado que al narcisista le llegue su hora.

El envejecimiento podría ser uno de los motivos de que su karma les atrape por la pérdida de su atractivo físico. Podría ser un cambio devastador para ellos. Con la edad, su físico que les ha servido de pilar durante la juventud y madurez, ya no le acompaña, motivo por el cual sienten que su encanto se ha desvanecido. Las personas ya no muestran interés por ellos, y esto les produce una sensación dolorosa.

Cuando echan su vista atrás se enfrentan a las consecuencias de sus acciones pasadas obteniendo como resultado la indiferencia de todos que les han apartado de sus vidas, es entonces cuando pueden comenzar a experimentar la soledad y alienación que ellos han infringido a sus víctimas.

La sensación de vacío se convierte en una carga insoportable, porque al derrumbarse su fachada, queda al descubierto sus cimientos débiles y frágiles.

Pero este momento no siempre llega.

El comentario de Alicia en este punto del libro dice que conoce a un narcisista que desde hace varios años viene anunciando que cuando cumpla 70 años se suicidará.

¿Realmente nos importa cómo va a ser el final de la vida del narcisista?

Yo diría que no.

Creo que ha llegado el momento de quitarle importancia al narcisista y centrarnos más en ti que eres la protagonista de esta historia. ¿Pasamos a la parte de la víctima?

PARTE II
RECONOCIMIENTO

CAPÍTULO 4

PERFIL DE VÍCTIMA

Características principales

Mucho se habla de las características de los narcisistas, de sus debilidades, de su conducta, pero poco material se puede encontrar de las víctimas. En este capítulo vamos a centrarnos en las coincidencias de las señales de las víctimas. El narcisista suele cumplir con el rasgo de ser una persona frágil, sin mucho valor emocional y sin empatía alguna. Es por eso por lo que a menudo busca en su víctima a alguien que compense aquellos atributos que por sí solo no puede conseguir.

¿Quieres saber si has sido elegida por un narcisista? ¿Cuántos aspectos de los siguientes se ajustan a tu personalidad?

- Persona empática, con un alto grado de sensibilidad que está en sintonía con las emociones y sentimientos de los demás. El narcisista encuentra en ti que eres una persona entregada, capaz de abandonar tus necesidades a cambio de las necesidades de otros. A la persona que tiene el desorden mental le flipan las reacciones emocionales, sean buenas o malas, ambas le garantizan su suministro. La persona empática le ofrece aquello que ellos son incapaces de conseguir, aquello que nunca han sentido y que, sin tratamiento de psicoterapia, nunca van a experimentar.

- La compasión, es un sentimiento que tiene mayor intensidad que la empatía y que exteriorizan ciertas personas a las que les impulsa el deseo de aliviar el dolor o sufrimiento de otro. Es una característica inequívoca de que puedes ser una presa perfecta para un narcisista. Las personas compasivas siempre ofrecen una segunda oportunidad. El depredador la utilizará para manipular a su víctima haciéndola sentir culpable de la reacción que él mismo ha generado.

- Inseguridad o baja autoestima. La necesidad de refuerzo externo es una característica que el depredador considera un alimento apropiado que, dosificándolo adecuadamente, logra la dependencia emocional que busca en su presa. La persona con baja autoestima tiene una evaluación negativa de sí misma, necesitando en todo momento el reconocimiento de los demás. Esta es una característica que el narcisista reconoce inmediatamente en su víctima y una de las primeras que utiliza para la manipulación.

- La persona elegida por el narcisista tiene que brillar con luz propia, ser inteligente, independiente, alguien que aporte a la relación. Puede ser una persona con abundancia económica, una persona relacionada con gente de alto standing, alguien con habilidades, en fin, características que el narcisista puede aprovechar en su propio beneficio.

Como resumen podemos enumerar muchos aspectos que el narcisista tiene en cuenta a la hora de elegir a su víctima. Son seres empáticos, bondadosos, leales, honestos, alegres, amistosos, fieles, personas vulnerables, con un infinito corazón y respeto por los demás, son sujetos serviciales, dispuestos a darlo todo por el otro, individuos con baja autoestima y necesidades emocionales, muy manipulables por falta de afecto, con traumas infantiles y familiares. ¿Te identificas con algunas o con todas estas características?

Si ya tienes claro que estás siendo o has sido atrapada por el abuso de un narciso, presta mucha atención a las siguientes páginas porque vienen muchos más ejemplos reales para hacerte sentir que no estás sola, que somos muchas las personas que nos hemos visto envueltas en semejante estafa. Pero hemos podido liberarnos, se puede y por eso te quiero acompañar por el camino que te lleva a la conciliación contigo misma.

CAPÍTULO 5

COMO ACTÚA UNA VÍCTIMA

Las reacciones que provoca el abuso

Es muy probable que en esta parte del libro te vayas a ver reflejada en los relatos que aquí se narran. Después de luchar durante mucho tiempo, el sentimiento que se apodera de ti es la desesperanza, la soledad, la incomprensión, tu visión de futuro se desvanece como en una nube de polvo, pero a la vez te niegas a resignarte a pasar el resto de tu vida, "sin vida". Conocer los testimonios de otras personas que han vivido o están viviendo situaciones similares a las nuestras nos ayuda a reconocer que no estamos solos y que hay esperanza para la recuperación. El perverso narcisista manipula sin escrúpulos destruyendo la autoestima para desestabilizar a su víctima de forma sutil.

Fueron trece años de relación. Cuando conocí a mi pareja de conductas psicopáticas, hacía seis meses que me había divorciado. Me encontraba en un momento vulnerable, en la transición de la separación. Aquella persona entró en mi vida como un soplo de aire fresco. Al principio, se mostraba muy abierto, conversador, muy preocupado por mis necesidades, mis carencias o mis miserias. Tenía la sensación de no tener que pedir nada. Cada vez que yo quería algo, él se adelantaba brindándome la ayuda precisa, el regalo justo, la palabra exacta. Era como haber aterrizado en el cielo sin levantar los pies del suelo. Pero ¿dónde habías estado todo este tiempo?, ¿Por qué no habías llegado antes a mi vida? Pero no, eso no duró mucho tiempo. A los pocos meses de relación fue dando un giro a su personalidad. Aparecieron las mentiras, las justificaciones para hacerme creer que estaba loca, que él no mentía, que yo estaba equivocada o me lo estaba inventando. Cuando le pedía explicaciones, no dudaba en mostrarme el ogro de su interior. Cada vez me sentía más aturdida, perdida, empezaba a dudar de mi cordura. Y mientras pasaban los años, se iban sumando actitudes que no podía entender, no sabía qué ocurría y mucho menos por qué ocurrían. Por momentos era su princesa encantada y no podía vivir sin mí. Me demostraba amor incondicional, yo era lo mejor que le había pasado en la vida, hacía planes de futuro conmigo para toda la vida. En otras ocasiones desaparecía sin dar explicaciones. Ninguna llamada, ningún mensaje. Era una montaña rusa emocional que me hizo caer en declive de tristeza e infelicidad. Su mejor actuación había dado sus mayores frutos. En el teatro de su vida, había logrado desestabilizarme, pero aún no me había hecho caer. No le interesaba que cayera del todo. Esta tonta aún tenía sustento que ofrecer y el vampiro energético, aún mucho por chupar. Los malos tratos no demoraron en aparecer. Siempre que la sumisa obedeciera las peticiones de su amado, éste estaba tranquilo, pero no podía llevarle la contraria porque al llegar a casa se despertaba la bestia que llevaba dentro. Yo intentaba por todos los medios mantener mi boca cerrada, complacerle en todo, pero incluso así, a menudo sentía su furia. Mi miedo llegó a tal punto que no era capaz de levantar la mirada del suelo si él estaba presente. Sabía que tenía que salir de aquella situación, pero alguna fuerza superior me lo impedía. Era mi propia culpa, el sentido de responsabilidad por cómo me comportaba y también el refuerzo intermitente que me llevaba a esperar el regreso de aquel hombre que conocí al principio. Hasta que empezó a triangularme. Cada frase que salía de su boca era como cuchillos que se clavaban en mi pecho, las comparaciones con otras mujeres y la desconsideración hacia mí me destrozaban el alma. Cada vez más abatida y a la vez más furiosa, con peor carácter de cara al exterior. Cuando yo me convertí en un despojo de mujer y de persona, me sentenció al abandono. Entonces fue cuando yo caí en el pozo más profundo de miedo, culpa, vergüenza y arrepentimiento. ¿Por qué no me alegro de que se vaya?, ¿por qué deseo aferrarme a su vida como si de la mía se tratase?, ¿Por qué lo hice tan mal provocando que me dejara? ¿Por qué me siento tan insegura si lo que he deseado durante mucho tiempo es que desaparezca de mi vida?

Una mala vida contenida en trece largos años de maltrato psicopático, que finaliza con el abandono sistemático y la depresión de la víctima.

En próximos capítulos encontrarás las claves para sobreponerte y reconstruirte. Te revelaré algunos métodos para descubrir las alarmas y no volver a caer en relaciones tóxicas, así como técnicas para salir de ellas si ya estás en apego dependiente.

El narcisismo es un patrón de personalidad que influye de forma negativa en las relaciones. En la forma de actuar de un narcisista no existe la culpa, ni el remordimiento como ya hemos comentado antes. Pero no sólo es eso, sino que el control, manipulación o humillación que ejercen sobre las víctimas, tiene su origen en la creencia de que ésta se lo merece. Por algo que ha hecho, por algo que ha dicho, porque su actitud no se corresponde con lo que al depredador le apetece correcto en ese momento. En el fondo, el motivo por el que la víctima recibe el maltrato es solamente porque posee cualidades y experimenta emociones que el depredador no tiene ni podrá sentir nunca, por tanto, el mayor deseo del narcisista es **tu destrucción**. Tus cualidades le generan gran frustración que manifiesta devaluando a su compañera. Cuanto más tiempo perdure la influencia abusiva sobre la víctima, mayores serán las cicatrices a nivel cognitivo y emocional que deja a su paso. Quienes han experimentado el constante menosprecio de sus parejas narcisistas, han visto reducida su capacidad para confiar en sí mismos, resultando conseguir una baja autoestima. La ansiedad y la depresión son latentes por el estrés causado de manera reiterativa, la sensación de estar atrapados en una relación tóxica de la que quieren, pero no pueden salir, desencadena en pensamientos obsesivos, excesiva vigilancia o apatía. La dependencia emocional, el apego, a menudo se convierte en una de las secuelas que más cuestiona nuestra mente tras el descarte. No importa cuán profundas puedan a llegar a ser las secuelas del abuso psicopático, la recuperación es posible.

Hace poco oí una frase que me pareció acertada para definir a los narcisistas. "*Acéptalo, soy un lujo que no te puedes permitir*". Y efectivamente así se hacen notar ante sus víctimas. Les hacen creer que ellos son un lujo, para después hacerlas sentir como un despojo. Pero una vez que atraviesas la línea de la recuperación, esa divinidad que antes te parecía inalcanzable, cae de bruces contra el suelo e inevitablemente se rompe en mil pedazos, la nube de polvo desaparece y te das cuenta de que la vida es otra cosa, que la felicidad existe y que está dentro de ti.

Hace varios meses que comencé una relación. Cuando vi a María por primera vez, me pareció que era una mujer deslumbrante, pero que muy, que muy atractiva y deseable. No fui capaz de acercarme a ella porque me pareció que era inalcanzable para mí. Yo, un hombre del montón, de aspecto más bien desaliñado, y poco favorecido soñaba con aquella mujerona, pero para mí solo era un sueño. Eso mismo fue lo que me pareció cuando se acercó a mí y con voz cándida me saludó y me dijo:

—hola, soy María.

—Pensé que iba a desmayarme. ¿Era a mí? ¿hablaba conmigo? ¿estoy soñando? No, no estaba soñando María estaba hablando conmigo.

—Hola, yo soy Gus.

—Sueles venir por aquí a menudo, ¿verdad?

—Bueno, últimamente sí.

—Te he visto varias veces y me he fijado en ti.

—¿Bromeas?

—No, para nada. ¿Te apetece un café?

—Claro, respondí sin pensármelo.

De saberlo en aquel momento hubiese huido sin mirar atrás. Pero desde el primer momento me sentí tan atraído por ella que, dijese lo que dijese, me tenía enganchado.

Las siguientes semanas fueron las más maravillosas de mi vida. Hacíamos todo juntos, compartíamos muchas aficiones y actividades. Vivimos como una película de esas de enamoramiento de navidad. Pero no duró mucho. A la tercera semana de relación, desapareció, no supe de ella durante 3 días. Le escribía, pero no me devolvía el mensaje, la llamaba, pero no me respondía al teléfono. Mi preocupación iba en aumento. ¿Le habría pasado algo?, pero no, al tercer día respondió diciéndome que había estado con unas amigas y se había dejado el teléfono en casa. Esa fue la primera de sus fechorías. Evidentemente yo no le creí, pero tampoco tenía certeza de que hubiese ocurrido otra cosa, así que no podía reclamar nada porque no tenía pruebas de nada. A la semana siguiente me dejó plantado en un restaurante para cenar. Al día siguiente le reclamé por qué no había venido y me responde que ella me había avisado de que no podía ir. Que me lo había dicho, pero que seguramente yo me había olvidado o despistado. De verdad, no recordaba que me lo hubiese dicho, pero si ella insiste, será que me lo dijo, pensé yo. Todos sus gastos corrían de mi cuenta, yo intentaba mimarla todo lo posible y por eso no la dejaba pagar cuando salíamos e incluso, le pagaba sus gastos de imagen. La tenía como una reina. En una ocasión, me pidió dinero y le pregunté para qué lo quería. Me contó que tenía un préstamo y que le había dado el dinero del recibo de este mes a su madre para que lo pagara en el banco, pero ésta no lo había pagado y el banco ahora le estaba reclamando el pago más los intereses. Yo, como buen empático y compasivo, la vi como víctima de su mala madre que le había quitado su dinero y quise socorrerla y ayudarla, así que le entregué el importe del recibo del préstamo de aquel mes para que cumpliera con sus obligaciones.

Hasta el momento había recibido ya varias banderas rojas, que yo pasé por alto no porque fuera tonto, necio o ignorante, sino por ser confiado, empático y amable.

Aquella relación, después de muchas más fechorías por parte de María, se terminó el día en que Gus sacó, de no sabe dónde, el valor para terminar con todo, se quiso más a sí mismo que a su pareja.

A menudo la víctima se da cuenta de que lo que está sucediendo no es normal, sin embargo, al faltarle pruebas para demostrar los hechos, por su baja autoestima y por la manipulación a la que ha estado sometida por el narcisista, prefiere inculparse a sí misma asumiendo la responsabilidad de lo ocurrido.

CAPÍTULO 6

IDENTIFICANDO LA MANIPULACIÓN

Si las reconoces, las puedes neutralizar

Son muchos los tipos de conducta humana, pero cuando se trata de la persona tóxica narcisista, puede llegar a ser un comportamiento muy peligroso. Desentrañar las artimañas de un narcisista es un trabajo arduo y complejo. Su manipulación hacia los demás se ha convertido en su estilo de vida, por lo que, además de ser personas inteligentes, llevan un gran recorrido en el cometido de tergiversar, amañar, mentir y actuar. Siempre nos llevan ventaja.

La manipulación es empleada por todos nosotros en alguna ocasión en nuestras vidas. Ofrecemos premio si haces las cosas bien y castigo si consideramos que las has hecho mal. Esto ocurre en el trabajo, en las familias con hijos, entre amigos. El problema aparece cuando la manipulación se utiliza con la intención de hacer sufrir o provocar daño a otros.

A menudo no somos conscientes del poder de las palabras que son las que nos permiten expresarnos, comunicarnos y sociabilizarnos. Las palabras son una herramienta poderosa que nuestra mente utiliza para llevar a la acción sus pensamientos. En ocasiones se utilizan como medio destructivo. Es el caso de los narcisistas. El Dr. Andrew Newberg, neurocientífico de la Universidad Thomas Jefferson, afirma que "Una sola palabra tiene el poder de influenciar la expresión de los genes que regulan el estrés, tanto a nivel físico como emocional".

Las frases negativas tienen consecuencias sobre nuestra salud emocional y mental, por lo tanto, también se reflejará en nuestra salud física. Las palabras negativas usadas de forma sistemática influyen de forma directa sobre la autoestima, generando, por ende, inseguridad y frustración.

Una de las herramientas más utilizadas por el narcisista para ejercer su presión sobre la víctima es mediante las palabras que utiliza. Bien sea por el tipo usado, por el tono de voz empleado o por ambas a la vez. Necesitamos estar muy atentos a la verborrea que nuestro psicópata emplea para manejarnos. Aprender a reconocer en cada momento que estamos siendo manipulados, es la mejor herramienta para poder defendernos. Pero contra el narcisista no se puede actuar de forma directa. Hacer uso de su propia medicina es lo que más nos conviene. Saber responder al narcisista en público sin hundirnos en el barro sería como el "gol" en un partido de fútbol. Para eso debemos abrir bien los ojos y estudiar con tranquilidad sus palabras antes de responder. Un buen método para devolver un ataque manipulador al narcisista mediante la palabra es comenzar siempre mostrando admiración por él o sus cosas. De esta manera conseguiremos apaciguarle y que suavice la guardia. Pero esto es solo el principio, así sólo conseguiremos abrirnos paso para poder defendernos de sus ataques, pero no podremos ganar la batalla. Son muchos los tipos de manipulación que utiliza el narcisista para hacernos caer en sus redes y para mantenernos en ellas. Déjame que te enseñe algunas de ellas y cómo neutralizarlas.

A menudo, las relación con un narcisista comienza con citas de cuento de hadas. A esto se le llama "bombardeo de amor" o "love bombing". Esta es la primera táctica de manipulación que suele utilizar el narcisista para seducir y doblegar a sus víctimas. Consiste en inundar de atenciones, regalos, elogios, viajes y muestras de afecto a su presa para que ésta se entregue por completo. En esta estación de cortejos la relación avanza muy rápido. Al predador le interesa que sientas la sensación de haber estado predestinados a estar juntos, que coinciden en todos los gustos y lo notes lo antes posible. Se mimetiza con tus aficiones y se integra en tu vida con un nivel de confianza que no corresponde a la etapa en la que se encuentra la relación.

Soy Griselle. En mi experiencia con uno de mis narcisistas, porque yo he tropezado con varios en mi vida, al comienzo de la relación todo me parecía un poco exagerado. Conocí a aquella persona que apareció en mi vida sin haberme fijado en ella, por lo que, sin dar más importancia a su presencia, seguí mi rumbo sin sentirme afectada por su aparición. Pero eso no parecía formar parte de los planes de mi nocivo pretendiente. Yo siempre he sido una persona independiente, que me resuelvo por mí misma y no dependo de nadie para avanzar en mi vida y salir adelante. En mi trayectoria amorosa nunca he recibido muestras de caballerosidad por ninguna de mis parejas y para mí eso estaba fuera de mi alcance. No me sentía merecedora de tantas atenciones y, por lo tanto me sentía ridícula recibiéndolas. En una de las conversaciones con mi depredador cuando solamente habíamos tenido dos o tres citas, noté que su labia era muy fingida, era más de película dramática que de la realidad. Como me encontraba en un ambiente que para mí era de confianza, porque así me hacía sentir él, me tomé la libertad de decírselo. Le expresé mi apreciación al respecto y creo que en ese momento se tornó un poco descolocado. Con el paso de los años y ahora que lo veo desde la sanación, tengo la impresión de que no se esperaba que lo cazara en sus intenciones. Pero, es evidente que su experiencia manipuladora pudo eludir mi tercer ojo y salirse por peteneras porque finalmente caí en sus redes. En ese entonces yo trabajaba en una asesoría contable y fiscal. Durante la mañana mi trabajo consistía en gestionar documentación en los organismos oficiales para lo cual debía caminar de unas oficinas a otras llevando documentación para tramitar. El, sin embargo, trabajaba en otra empresa de gestión administrativa de documentación, pero disponía de plena libertad para permanecer fuera de la oficina sin que nadie controlara dónde estaba. Junto a su actuación de perfecto galán sumó la de persona servicial preocupado por mi bienestar. Cada día utilizaba su vehículo de empresa para acompañarme en mi recorrido matutino de diligencias. De esa manera me enganchaba creando dependencia a su presencia.

La recomendación en estos casos siempre se basa en la prudencia, en la desconfianza de los extraños hasta que haya transcurrido el tiempo necesario para poder cerciorarse de cómo es realmente la persona que se muestra ante nosotros. El narcisista reboza de un magnetismo especial que les convierte en seres atrayentes a la vista de los demás. Pero es su máscara la que actúa respaldando y ocultando su verdadero yo que se muestra cuando los atrapados sucumbimos a sus encantos.

Como ya hemos comentado en capítulos anteriores, los narcisistas se alimentan del dolor ajeno. En ocasiones aplican técnicas de manipulación sin realmente ser conscientes de que las están empleando para hacer daño. Su necesidad imperiosa de conseguir el elogio y triunfo propio les anula la visión periférica hacia otras personas y son incapaces de apreciar que el otro individuo está siendo víctima dolorosa de su perversidad. Una vez que el depredador ha derribado las barreras psicológicas de su víctima, ya se siente libre de aplicar otros tipos de presión para extraer más placer cuando la víctima asume la culpabilidad de los maltratos. El comportamiento del narcisista de cara a la galería es totalmente encantador.

Aunque en ocasiones suelen usar el maltrato físico, en la mayoría de las ocasiones no ocurre así, prefieren la violencia emocional. Eligen intimidar a sus víctimas de forma sutil y encubierta siendo su pareja la única que puede detectar sus manejos. Tras la manipulación por intimidación vaporosa, la víctima asume la culpa del desgaste progresivo de la pareja. La inducción a la culpabilidad desata en su víctima un estado de duda de sí misma, de su comportamiento, de su capacidad cognitiva, de su estatus emocional. Su confusión llega a tal nivel que provoca la aparición de vergüenza ante los ojos de familiares, amigos y en general con su entorno social. La culpa es una táctica que el narcisista utiliza para impedir ser imputado. Le da la vuelta al asunto haciendo creer a su víctima que él sería incapaz de hacer aquello de lo que se le acusa, basándose en su conducta intachable ya reconocida por todos.

Ahora acabo de recordar un buen ejemplo para explicar esta acción. Beatriz es una empresaria que comparte la titularidad de la empresa al 50% con su expareja narcisista. Ella comienza a notar en su socio actividades extrañas dentro de la empresa. Además, también percibe de algunos empleados un "cariñito" especial hacia su jefe. Beatriz siempre ha sido muy intuitiva y enlazando unos comentarios con otros, unas acciones con otras, llegó a la conclusión de que su socio en la empresa estaba tramando hacerle competencia desleal, que incluso ya algunos empleados le hacían trabajos extra para esos nuevos negocios. Después de varias semanas de incertidumbre con este asunto, Beatriz decidió hacer frente a la situación y preguntar directamente a su socio. ¿Podrías explicarme qué te traes entre manos con la empresa? Estoy notando movimientos extraños y pienso que tienes pensado llevarte los clientes y los empleados a otra sociedad. Como buen narcisista, no dudó en aplicar la táctica de la culpa a Beatriz diciéndole: "parece mentira que después de 20 años juntos pienses que yo soy capaz de hacer eso". A continuación, inventó una historia de unas inversiones en las que había intentado participar pero que el banco no le había dado financiación. Entonces fue cuando Beatriz confirmó que realmente sus sospechas estaban en lo cierto, pero que al no conseguir la financiación del banco no pudo perpetrar su estafa. Al preguntarle por el cambio positivo en las relaciones con la empleada, por supuesto éste respondió (con ese aire despreocupado que Beatriz ya reconocía cuando le mentía), que no, que estaban como siempre.

En este relato podemos apreciar cómo el narcisista le endosó sutilmente a Beatriz la culpa de dudar de su integridad, porque había sido descubierto en su hazaña. Además, también se aprecia cómo el narcisista nunca suelta a sus víctimas, continúa manipulándolas y sometiéndolas incansablemente hasta que éstas ponen los límites claros y se alejan definitivamente. Beatriz, cometió el error de no rechazar la carga que el narcisista le estaba endosando. Una respuesta apropiada a la acusación del socio hubiera podido ser: "***los 20 años de relación que hemos tenido no tienen nada que ver con el asunto que estamos tratando. Céntrate en el motivo de la conversación y respóndeme con claridad a lo que te pregunto***"

En el caso expuesto anteriormente de su expareja, terminada la conversación de la empresa, éste cambia el tema hacia otro con el que se muestra como víctima.

Noelia es la empleada de Beatriz y su socio. Aquella que tenía previsto abandonar la empresa para irse con su jefe a la nueva sociedad. Noelia estaba pasando un momento un poco especial porque tenía un familiar muy cercano enfermo. Entonces, al terminar la conversación de Beatriz y su socio, éste aprovechó la ocasión de victimizarse y exponerse como una persona impecable interesándose por el estado de salud del familiar de Noelia. A la respuesta de Beatriz de que ese familiar se encontraba muy mal, el narcisista responde con voz compungida: "yo siempre estoy

preocupado por todo el mundo, también me preocupo por ti, por todos, no descanso siempre preocupado por los demás".

Aquí aparece otra de las tácticas sutiles de manipulación más utilizada por los enfermos psicopáticos. La victimización.

Carmelo conoce a la perfección los puntos débiles de Beatriz. La estudió en el love bombing, la ha manipulado durante 20 años y conoce sus reacciones ante cualquier estímulo. Por eso, a sabiendas de que Beatriz es una persona empática, emocional, compasiva y sensible aprovecha la ocasión siempre que puede para activar esas características y victimizarse por sus malas acciones.

En este caso, lo ideal sería no prestar atención a la manipulación que el verdugo quiere ejercer sobre su víctima, no asumir la responsabilidad que quiere endosarle por medio de su estrategia de victimismo.

Dentro de la conversación Carmelo con Beatriz hay gran cantidad de técnicas de manipulación. Ha sido necesario estudiar las palabras con detenimiento para desgranar la conversación y encontrar algunas de ellas. Hasta ahora hemos encontrado la victimización y la culpa. La habilidad con la que los narcisistas cambian el tema de conversación desviando la atención a otros asuntos se reconoce con el nombre de "cortina de humo o Gaslighting". El asunto que Beatriz quería resolver con Carmelo era el de el robo de clientes y empleados a una empresa paralela. Sin embargo, Carmelo, haciendo buen uso de la técnica de cortina de humo para manipular a su víctima, le derivó la conversación haciéndole creer que los asuntos que se traía entre manos eran sólo unas inversiones inmobiliarias entre un amigo y él. Conociendo el interés que Beatriz siempre había mostrado por este tipo de inversiones, Carmelo derivó la atención hacia este asunto para hacer desaparecer de la conversación aquello en lo que había sido descubierto. La técnica de cortina de humo consiste en distorsionar la realidad. Para ello, hacen uso de algunas frases como "eso no pasó así", "no es cierto", "estás equivocada", "yo nunca te dije eso".

Cuando eres consciente de que alguien te está manipulando mediante luz de gas, puedes tomar medidas para intentar evitar que eso siga ocurriendo. Algunas de esas medidas podrían ser no dejar que tu interlocutor desvíe la atención de la conversación hacia otro que no sea el tema por tratar. Reconducir la charla una y otra vez si es necesario a su punto de origen para evitar por todos los medios que el manipulador te conduzca a su propio interés. Cuando las respuestas son de tipo no recuerdo, eso no pasó así, correspondería justificarle con pruebas en la medida de lo posible para invalidar su respuesta. Si no se puede justificar, sería conveniente recordar sus respuestas para que en una siguiente ocasión sí que se pueda justificar.

Para cerrar este ciclo de cuatro técnicas de manipulación hagamos un repaso.

- **Bombardeo de amor**. El narcisista te ofrece muestras exageradas de afecto, te colma de atenciones, regalos amor, para que le dejes entrar de forma rápida e instalarse en tu vida.

- **Culpabilidad**. Encuentra la forma de desviar sus malas acciones de tal manera que asumas que ha sido por culta tuya.

Dentro de la culpa también podemos encontrar la **vergüenza** al darte cuenta de que lo que ha ocurrido ha sido culpa tuya.

- **Victimización.** Al ser descubierto en sus fechorías, se aplica a sí mismo la acción de víctima para conmover las emociones de su víctima y que le perdone para poder seguir ejerciendo su abuso.

- **Luz de gas.** Se trata de desviar la atención a cualquier otro asunto negando lo ocurrido mediante respuestas programadas como "yo nunca te dije eso" con el fin de confundir psicológicamente a su víctima y hacerse con el control.

El narcisista es un ser muy astuto y experimentado en el empleo de todo tipo de procesos manipulativos. Por eso, debemos estar atentas a la más mínima señal para cortar por lo sano antes de que caigamos atrapadas por sus tentáculos. Pero si ya nos encontramos en esta situación, lo mejor es saber identificar qué es lo que nos está ocurriendo. Saber reconocer las "banderas rojas". Ante las señales de bombardeo de amor, actuar con paciencia, no hay prisa para formalizar la relación, ir poco a poco para conocerse mejor. Contra la culpabilidad, sopesar lo ocurrido, entender los motivos y si no ha sido culpa nuestra, expresarlo de manera fehaciente. Para poder actuar ante la victimización de nuestra pareja, debemos tener claro cuáles son nuestros límites y no dejar que nadie los sobrepase jamás. Sin perder la empatía, podríamos contestar "comprendo cómo te sientes, pero no creo que en este caso te afecte lo ocurrido", sin dejarnos manipular. Finalmente, para el **gaslighting**, las señales son evidentes. Mentiras para justificar otras mentiras, no estamos locas, sabemos lo que hemos oído, lo que hemos visto y lo que ha ocurrido. No nos dejemos engañar y mantengámonos firmes y seguras de nosotras mismas.

Paloma: Algo que me llamaba la atención en mi relación, era que mi pareja, me ignoraba 24/7 estando en casa, renunciaba a participar en la vida activa de nuestro hijo en la vivienda familiar, pero se convertía en el marido correcto, atento, colaborador y amoroso cuando mis padres o los suyos estaban presentes, se convertía en aquel padre participativo de los juegos y diversión de su hijo cuando cualquier familiar amigo o conocido hacía acto de presencia. En las reuniones de amigos o familiares utilizaba a nuestro hijo como bastón para ocultar su inadaptación social. Era el único momento que compartía con el niño otro juego que no fuera la play station. El cambio, se producía casi automáticamente cuando esas personas ya no estaban. Era como si de un interruptor se tratara. Se ponía en on o en off según le convenía. Si había testigos era el padre y marido perfecto, si no había testigos, no necesitaba fingir y se desconectaba. Es la forma que encontraba de esconder su inseguridad infantil y su fragilidad interior. Todo, por supuesto tras la máscara de adulto fuerte, dominante y responsable.

Además de las anteriores, existe la estrategia de **refuerzo intermitente**. Se trata de la táctica del "a veces si / otras no". Esta técnica se usa para modelar la conducta de las personas. Uno de los psicólogos más importantes de la historia, Burrhus Frederic Skinner defensor de la Teoría de reforzamiento, lleva a la práctica los estudios de esta conducta humana. Mediante los reforzamientos positivos o negativos se modifica la conducta humana para forzar resultados en los que se aumentan o eliminan algunos comportamientos. Para no enrollarme mucho con estas explicaciones, voy a contarte un cachito de la vida de Rosana y Alberto.

Rosana es una mujer espectacular. Es el típico bombón, una escultura digna de tener en casa y mirarla a cualquier hora. Alberto no deja de ser un hombre atractivo, e imponente. Mientras que Alberto es sensible, empático, agradable a su entorno, Rosana es explosiva con todo el mundo. Su carisma atrae casi más que su aspecto físico. Rosana y Alberto llegan a la casa de sus amigos con quienes habían quedado para cenar. Como tortolitos, se envían miraditas y gestos amorosos de vez en cuando para no perder la conexión estando con sus amigos. Mientras que la actitud de Rosana consiste en coquetear con los presentes en aquella reunión, la de Alberto no pasa de echarse unas risas con los amigos. Alberto ya cansado de la situación pide a Rosana que se vayan a casa y den por terminada su estancia en esa fiesta. Rosana disfruta siendo el centro de atención de todos los hombres y la envidia de todas sus mujeres, así que le fastidia que Alberto quiera irse. Para Rosana, Alberto le ha fastidiado la noche. Como considera que Alberto ha tenido una conducta incorrecta, le aplica la ley del refuerzo intermitente. Si te portas bien, te refuerzo con un premio positivo, pero si no haces lo correcto, no habrá premio sino castigo. Y al salir de la casa de sus amigos emplea además otra táctica que es la del hielo. No le habla en varios días.

Con esta actitud, Rosana consigue que Alberto esté pendiente de cuándo volverá a recibir el refuerzo positivo y lo mantenga enganchado, dependiente de la reacción de Rosana. Es una manipulación que mantiene a la víctima a la expectativa, sin moverse, sin poder irse, porque espera su premio y sabe que en cualquier momento puede llegar, pero no sabe cuándo.

Otra táctica común en este tipo de patología es la **mentira**. Mienten de todas las formas posibles y siempre lo harán mirándote a los ojos, sin perturbar su mirada, ni cambiarles el pulso. Mienten con facilidad y sin remordimiento para lograr su objetivo o convencerte de que estás equivocada o loca. A menudo sus mentiras son muy difíciles de detectar ya que utilizan las verdades a medias. En otras ocasiones, utilizan una táctica más sutil, que se trata de no decir toda la verdad. Omiten detalles, o se saltan causas, pero que en resumen es otra forma de manipulación mediante la mentira.

Luego, hay otro tipo de manipulación indirecto. Se trata de la **triangulación**. Esta táctica consiste en poner a un tercero en contra. Para el narcisista, la triangulación es un juego con el que maneja la situación de una manera infantil y poco madura. Podemos encontrar varios ejemplos para definir aún más este maltrato psicológico.

Supongamos que el conflicto se ha generado entre un jefe narcisista y un empleado. En el empleo de la táctica de la triangulación, el jefe involucrará a otro de los empleados en contra de aquel con quien tiene el conflicto. De esa forma puede conseguir el respaldo de un tercero para proclamarse vencedor.

Para definir aún más el método de la **triangulación**, te voy a relatar un caso que se da dentro de la unidad familiar, al mismo tiempo que en el trabajo.

Rober y Ana son pareja desde hace bastantes años. Rober es empresario y Ana trabaja en su empresa. Ambos han dirigido la empresa juntos desde que se constituyó. En el departamento de facturación trabaja Nuria, amiga de Ana desde hace muchos años. Cuando Rober y Ana deciden separarse, él, como buen narcisista no puede seguir adelante tranquilamente sin molestar a Ana, sino que, por el contrario, busca la forma de poner a Nuria a su favor y crear conflicto entre las dos amigas. Para ello, se las apaña para que Ana pase todo el mes de agosto fuera de la oficina y aprovecha para mover los hilos de su manipulación y hacerse con la confianza de todo el personal y en particular con la de Nuria. A la vuelta de Ana a la oficina, encuentra a Nuria como un perrito faldero moviendo la colita cada vez que ve llegar a su dueño. A partir de ahí todo son secretitos, sonrisitas y miraditas de complicidad.

La táctica del narcisista en esta historia es la de crear rivalidad entre las dos amigas, consiguiendo de esta manera poner a Nuria de su parte para reforzar su autoridad frente a Ana, usando el método de la **triangulación**. Y te preguntarás, ¿cómo lo ha hecho?, ¿cómo es posible que haya cambiado la amistad de tantos años de las dos amigas? Tiene una explicación. Para ello hace uso de la **difamación** que es una de las fases de abuso que más adelante trataremos.

Rober había utilizado la táctica de la **triangulación** con Ana y Nuria muchas veces en el pasado. En innumerables ocasiones éste pedía a Nuria que se encargara de labores que correspondían a Ana. Muchísimas veces enviaba correos a Nuria con funciones propias del puesto que ocupaba Ana. Cada vez que eso ocurría, Ana pedía a Rober que la pusiera en copia enlos correos, sin embargo, la respuesta de Rober siempre era la misma: ***"Me despisté, es que no me doy cuenta"*** Hay jurisprudencia que justifica que esta actitud corresponde a un **acoso por bullying.** Tantos años duró la triangulación de Rober sobre Ana utilizando a Nuria que, en un estallido de ira, Ana respondió a Rober con estas palabras: ***"¡Te odio con todas mis ganas!"*** evidentemente como se lo expresó por medio de whatsapp, éste utilizó las palabras de Ana más adelante como arma secreta para su **difamación** (fase del abuso narcisista).

CAPÍTULO 7

CICLO DEL ABUSO NARCISISTA

El patrón que siempre se repite

Después de hacer un recorrido por las técnicas de manipulación que aplican los narcisistas sobre sus víctimas podría parecer que ya lo hemos repasado todo. Pero no más lejos de la realidad. Esas tácticas para convertir a la persona que eres en la persona que el narcisista quiere que seas, se establecen dentro de unos patrones que se cumplen en el modus operandi de todo narciso. Se trata de un ciclo de comportamiento abusivo siguiendo un modelo por el cual el trastornado te va guiando hasta acabar por destruir tu autoestima y tenerte comiendo de su mano.

El ciclo del que te hablo no es lineal. Se trata de un proceso circular. Esto significa que no tiene un comienzo y un fin, sino que, por el contrario, puede estar girando sin sobre sí mismo hasta que la víctima logre darse cuenta de que ha estado siendo manipulada y haga todo lo posible por salir de él.

Algo que aún no he comentado en este libro es que el abuso narcisista puede darse en cualquier tipo de relación. No necesariamente se da en relaciones de pareja. Podemos encontrar relaciones tóxicas en la familia, en el trabajo, en los amigos, etc. Hay varias señales que nos indican que estamos atrapados en el bucle de una relación narcisista. Presta atención a estos indicadores para conocer si estás sufriendo algún trato incorrecto.

ESTAS SON ALGUNAS SEÑALES DEL "AHÍ NO ES":

- Fíjate siempre en cómo te sientes dentro de esa relación. Si notas que en el trato no hay amabilidad, no hay cariño o que sufres demasiado, piensa que **ahí no es**.

- Ten claro siempre lo que haces, por qué lo haces y cuál es el resultado que intentas obtener con lo que haces, porque en muchas ocasiones, la persona tóxica te confunde, pierdes la visión de la realidad y al final no sabes quién es quien actúa de forma correcta. Esa persona te dará la vuelta a todo haciéndote sentir culpable, no asumirá nunca su responsabilidad. Si dudas de ti, **ahí no es**.

- Sientes que tienes que acomodar tu personalidad para ajustarte al comportamiento de la persona que te acompaña. Su grado de inmadurez necesita que tú te rebajes hasta su nivel para no ponerse en evidencia ante los demás. Si te sientes en este lugar, entonces, **ahí no es**.

- Cuando el compañero es demasiado exigente, con una actitud castigadora o un pronto explosivo, puede ser castigador si no obtiene de ti lo que espera. Ante estas reacciones, piensa, **ahí no es**.

- Tu libertad de expresión y de acción deben ser límites infranqueables. No le permitas acallarte, no le permitas amedrentarte, si no puedes decir o hacer lo que te nace desde dentro (siempre que sea respetuoso con los demás), entonces, **ahí no es**.

- Si notas que tu "yo" amable y cordial ha desaparecido y que tu actitud ha pasado de ser amigable a vivir en un continuo enfado, protestas, odio, sensación de no reconocerte, esto significa que no están respetando tus límites. Claro, **ahí no es**.

- La persona tóxica es aquella que saca lo peor de ti. Es esa que tras compartir varios minutos con ella hace que tus energías se vuelvan oscuras, es esa persona que provoca que discutas continuamente sin saber por qué. Si sabes que eres una persona empática con el resto de las personas, que difícilmente te llevas mal con los demás, pero que con esta persona no puedes. Déjame decirte que, **ahí no es**.

- Si sientes la necesidad continua de demostrar que eres buena persona, de justificar que lo que haces es bueno, es porque esa persona te acusa de aquello que él mismo hace o es. Si te descubres a ti mismo indignado por tratar de convencerle de que no eres como te intenta hacer parecer, **ahí no es**.

- Cuando te conviertes en el bombero o ambulancia de rescate de todos los líos que va generando y dejando sin resolver por el camino, **ahí no es**.

- Si notas que tu voz no se escucha, que tus propuestas no son válidas, que tus necesidades no cuentan, que te disuelves en sentimientos de impotencia por hacerte notar, o te hundes con el anhelo de realizar aquello que te gusta pero que no puedes, sabes que **ahí no es.**

- Si tu cuerpo te está dando señales de que algo no está bien, que aparece ansiedad, depresión, problemas de salud, fibromialgia, fobias, pierdes el interés por la vida o descuidas todo aquello que te solía dar energía. Cuando tú mismo te aíslas del mundo por vergüenza, o finges estar bien ante los demás, es muy importante, **ahí no es**.

Sigamos conociendo aún más a ese ser que nos abusa, que nos manipula, que nos destruye física y emocionalmente de forma sutil y sin remordimientos. Ahora sí, conozcamos las fases del abuso narcisista.

LOVE BOMBING Ó BOMBARDEO DE AMOR.

De esta etapa del ciclo ya hemos hecho alguna mención en capítulos anteriores. Esta forma de "ligar" se usaba en los años 70 como método de persuasión religioso. Se trata de la etapa de **captación de su suministro**. Este es el momento en el que el narcisista pone sobre la mesa sus mejores encantos tanto para la elección de su víctima como para la convicción de ésta.

Comienza el bucle estudiando detenidamente las características físicas, mentales y sobre todo emocionales de su presa. En esta fase de idealización, el narcisista crea un vínculo inmediato con su víctima. Se mimetiza con sus gustos y hobbies con el fin de crear la conexión perfecta y que ésta, a su vez, se sienta como que ha conocido a su media naranja, su pareja perfecta, su otro yo. El narcisista en esta etapa se esfuerza al máximo para hacerse sentir único y deslumbrante, para lo que echa mano de recursos como regalos, viajes, demostraciones de amor, preocupación excesiva por su pareja, muestras de afecto... El depredador aprovecha las situaciones de baja autoestima o momentos vulnerables de la víctima para poner en práctica esta técnica. Aseguran los expertos que el subidón de dopamina que proyecta esta táctica es tan alto debido a que el **love bombing** satisface necesidades en la víctima que no puede satisfacer por sí mismo.

En esta fase podemos encontrar varias señales para poder reconocerla. A estas señales les vamos a llamar **"Banderas Rojas".**

RED FLAGS

- Estamos hechos el uno para el otro. Si desde el comienzo te dice que sois almas gemelas.

- No es posible que en tan poco tiempo ya puedan ser almas gemelas cuando ni siquiera se conocen lo suficiente.

- Si lo que dice no va a la par con lo que hace. Hay que parar, escuchar y mirar. Las prisas no nos llevan a nada. Ir despacio.

- Si sus exparejas estaban todas locas, eran tóxicas, le engañaron, eran malas. Se aprovecharon de él, le sacaron el dinero, pero él siempre las ha ayudado.

- Si se vuelca sobre ti, te aparta de tu entorno, intenta hacer cosas siempre los dos solos.

- Si se quiere trasladar a vivir contigo a semanas de conocerte. No lo permitas. Tiempo para conocerse antes de tomar una decisión tan importante.

- Llegan a tu vida sin amigos.

- Hacen planes para construir o comprar una casa contigo. Te habla de futuro al poco de empezar la relación, te dice que se quiere casar contigo.

- Cuando percibes cierta falta de sinceridad. La intuición es una herramienta que nos permite mantenernos alerta y sobrevivir. Siempre hay que fiarse de ella. Si intuyes que hay cosas que no encajan que hay algo extraño, si te da la impresión de que te miente, haz caso a tu intuición.

- Es exageradamente servicial y atento contigo. Se desvive por tenerte como una princesa. Exageradamente caballeroso. Los príncipes sólo habitan en los cuentos de hadas. La realidad es otra.

- Si notas que estás en un constante estado de alerta, es poque algo no funciona bien, no te terminas de sentir cómodo con la relación.

- Si continuamente te oculta cosas, que sus historias no son muy creíbles, y que tú tienes que estar continuamente justificándote por sus faltas de respeto.

- Te presenta rápidamente a su familia.

En estas páginas te he presentado 12 de ellas, pero son muchas más las artimañas utilizadas por los narcisistas para hacerte caer en sus redes y que no puedas escapar.

Al escribir estas páginas y hacer un detalle de estas banderas rojas, me vienen a la memoria tantas historias que he escuchado, tantas experiencias de personas manipuladas en el mundo.

Vicky es argentina, me comentó que a veces había respuestas algo desagradables, pero que siempre las excusó como que tenía un mal día o estaba muy cansado. Además, también reconoce que le puso la corona divina y claro, ¿a quién le amarga un dulce? Se instaló en su casa a las dos semanas de relación. Ella no quería ver la realidad, sólo quería aferrarse a lo que le gustaba de él y a la realidad que quería creerse. Admite que ese fue su gran error.

Pri también de Argentina, dice que iba justificando las cosas y que sólo se quedaba con lo bueno, disculpándolo por su inmadurez, o poniendo cualquier otra excusa para no admitir sus faltas de conducta.

Noelia es de Perú, ella se reconoce a sí misma como que quería que todo ocurriera rápidamente y que al comienzo trataba de loca a la expareja de él porque así se la describió éste desde el principio.

Olivia una amiga de México me pasa una conversación de Whatsapp que dice así:

—Ay, mi amor, yo a ti te adoro

—Contigo veo el mundo con otros ojos

—Me casaría contigo mañana mismo

En mi caso personal, yo fui una princesa de cuento. Desde abrirme la puerta del coche para subir y bajar, estar pendiente de mí en lo más mínimo, era como mi protector. Presentarme a su familia como lo mejor que le había pasado, hablar maravillas de mí ante todo el mundo, acompañarme a todos sitios, instalarse en mi casa a las dos semanas, construir una casa antes de un año de relación, mentirme por doquier… podría contar muchas banderas rojas que a mí se me pasaron por alto. Es por eso por lo que, en mi interior, se ha generado la necesidad de prestar ayuda al resto de personas del mundo que viven sometidas por estos trastornados psíquicos. Porque miles de personas sufren a diario el acoso y manipulación de estas personas que salen a cazar con malas intenciones desde que te conocen.

DEVALUACIÓN, DESPRECIO O AISLAMIENTO

Y, cuando el cuento de hadas se acaba, empieza la película de terror. En el momento en que el narcisista te siente bajo su poder es cuando comienza la fase más larga del abuso narcisista. Cuando ya dependes directamente de él por motivos económicos, por falta de autoestima, por los hijos, por deudas conjuntas, por disonancia cognitiva, puede ser por cualquier motivo, siempre y cuando él sienta que ya no te vas a mover de su lado. Es entonces cuando empieza a demandar más atención. Lo hará lentamente para no descubrirse a la primera. La idea es que vayas cortando tu comunicación con el exterior, así que una de las primeras acciones que lleva a cabo es alejarte de tus amigos, conocidos, familiares, etc. Para salirse con la suya puede usar la táctica de hablar mal de ellos y así ir creándote incomodidad y que tú misma te alejes de ese entorno que te arropa y te protege. Empleará todas las tácticas de manipulación que hemos descrito en capítulos anteriores para devaluar a su víctima. Aquellos atributos tuyos que en el bombardeo de amor parecía enamorarle, en esta fase los despreciará, te ridiculizará en tus acciones, en tu forma de expresarte, hará resaltar tus debilidades, dará a notar tus defectos. Tras los incesantes desprecios recibidos por tu príncipe azul, paulatinamente tu autoestima caerá al abismo y aparecerá la sensación de estar defraudándole en todo momento. Intentará impedirte que crezcas como persona, te apartará de tus hobbies, de las actividades a las que estabas acostumbrada antes de que él apareciera en tu vida y de cualquier otra que intentes comenzar, si ésta hace que te relaciones con el exterior.

Es una fase lenta, pero muy dañina. Puede comenzar con mentiras, que quizá no sean relevantes, pero que van dando pistas de la persona que tienes a tu lado. Esta es la fase en la que se modifica la personalidad de la víctima. Aquella persona alegre, divertida, carismática que eras antes de conocer a tu depredador, va desapareciendo progresivamente hasta que la oscuridad ocupa tu interior sacando al exterior lo peor de ti. Aparece la persona que siempre discute, que siempre protesta, que critica a los demás, a quien todo el mundo le molesta, la persona que nunca vuelve a reír. Y es entonces cuando el narcisista, sin hacerse cargo de su responsabilidad por provocar esa actitud en ti, te culpabiliza y te llena de inseguridades además de lograr que tú misma te devalúes delante de tu entorno. Cada vez eres más débil, cada vez eres más dependiente, cada vez te gustas menos a ti misma y a los demás. Pero ¿quién te va a querer si eres un ogro? Asumes el total de la responsabilidad del mal estar generado en la relación e intentas solventar la situación, pero cada vez se hace más cuesta arriba porque la presión que ejerce el narcisista sobre ti es más fuerte que la que tú ejerces para levantarte a ti misma y levantar a la pareja sin colaboración de la otra parte.

Esta es la fase en la que pueden aparecer los malos tratos, los golpes, los abusos físicos, porque los emocionales y psicológicos ya se venían aplicando con mucha antelación. Es cierto que no todos los narcisistas son agresivos. Los hay que se conforman con destruirte la psiquis.

Hasta ahora no hemos hablado de la **táctica del cerrojo**. En esta fase del ciclo de abuso es muy habitual que el narcisista haga uso de esta táctica para provocar desconcierto y mucha rabia en su víctima. El uso de este método consiste en cerrarse por completo en el momento en el que se está discutiendo y no interactuar con la otra persona. Cuando esta forma de actuar aparece, debemos saber que estamos ante una bandera roja. Si nos hemos saltado todas las banderas rojas del love bombing, aquí vuelven a aparecer otras. La comunicación en la pareja es sumamente indispensable. Es el medio por el que se resuelven los conflictos de manera saludable, sin embargo, el narcisista se bloquea ante los conflictos y se aísla para no hacerse cargo de su parte de responsabilidad. Ser víctima de la práctica del cerrojo es agotador.

Otra de las tácticas que utilizará el narcisista en esta fase del ciclo es el **gaslighting.** Te acusará de cosas que no hiciste, te presionará hasta el nivel en el que asumas que realmente lo has hecho. Te llevará al punto en que dudes de tu propia cordura. De igual manera ocurre con frases o palabras que te dice y que luego niega haberlas pronunciado. Lo hace con tal convicción que dudas de si realmente te lo dijo o te los has inventado. Es un juego de película de terror. Sin darte cuenta puedes caer en una depresión provocada intencionadamente por tu predador.

En esta fase, la víctima se siente deprimida, habrá caído en ataques de pánico, asustado de quedarse solo y comenzará a esforzarse aún más por mantener la relación a flote, por complacer al narcisista que tiene a su lado. Si intentas alejarte para salvarte, el narcisista se sentirá atacado y entonces comenzará nuevamente con el ciclo de idealización para mantenerte atado y así poder volver a devaluarte.

Es un bucle que parece que nunca llega a su fin. La presa siente la necesidad de salir de esa situación, pero alguna fuerza extraña la arrastra a no moverse del sitio donde está sufriendo.

REFUERZO INTERMITENTE

Generalmente la persona con trastorno de la personalidad narcisista ya ha estado haciendo uso de esta fase del ciclo abusivo en los otros dos tramos anteriores. Se produce cuando éste nota que su pareja empieza a dudar de sus conductas. La víctima comienza a tener la necesidad de romper la relación, comienza a dar muestras de insatisfacción en la pareja, entonces el narcisista vuelve a inyectar una dosis de idealización, intercalándola con otra de desprecio, generando así la necesidad por parte de la víctima de volver a recibir su porción de halagos. El motivo por el que el narcisista utiliza este método de manipulación no es otro que su gran inseguridad, que le provoca no tolerar ningún tipo de rechazo. Por eso crean la necesidad imperiosa de generar un vínculo traumático por medio de la retirada y retorno del afecto de manera intermitente.

Algunos ejemplos del efecto de este subidón de dopamina los podemos encontrar en el uso de las redes sociales. Los algoritmos van mostrando a los usuarios vídeos de diferentes contenidos. El consumidor de redes se engancha a ir pasando vídeos y más vídeos hasta alcanzar aquel tema que le interesa, pero se mantiene vinculado porque sabe que en cualquier momento aparecerá algo por lo que se siente atraído. Lo mismo ocurre con los juegos de azar o con las máquinas tragaperras. En este último ejemplo, los jugadores se enganchan una y otra vez al juego porque en alguna ocasión sale un premio. El narcisista también usa esta técnica para mantener enganchada a su víctima en la relación. Ésta va metiendo emociones, sentimientos, energía, dinero... hasta que se le agotan todos los recursos y quiere abandonar. Es entonces cuando el narcisista vuelve a darle un incentivo de amor, cariño, atención, refuerzo, logrando así que su víctima recupere fuerzas y siga aportando, aportando, aportando...

Haciendo un resumen, el refuerzo intermitente cuando se utiliza dentro de la pareja, no es un medio de convicción, es una potente técnica destructiva. Es una forma de maltrato que utiliza el trastornado mental para desestabilizar a su pareja, consiguiendo así que ésta crea que está profundamente enamorada de él al mismo tiempo que cree que él también lo está de ella.

Volvemos a la historia de Rober y Ana. Ana siempre ha sido un poco ingenua, aunque inteligente e intuitiva. Pero no tenía ni idea de que el trastorno narcisista de la personalidad existía, por lo que no podía asimilar las conductas que veía a ningún tipo de trastorno. Pero al cabo de un mes aproximadamente de haberse separado de Rober, por casualidad, paseando por Instagram, aparecieron los primeros reels de narcisismo. De lo que se hablaba allí le sonó, cuanto menos conocido, y se interesó por seguir adquiriendo información de aquel trastorno. Cuanto más leía y más se informaba, más encajaba todo con su historia. Y decidió preguntar a varios profesionales hasta que finalmente confirmó que efectivamente Rober padecía el TNP. Eso fue un choque muy extraño, porque por una parte encontraba un motivo que justificara muchas de las experiencias vividas con él y por otra le generó a Ana el desplome por saber que su vida con esa persona había sido todo una farsa, un engaño, una estafa. Pero Ana no se quedó sólo con aquella información y quiso saber más y más de aquella patología. Uno de los puntos que creó consciencia en Ana, fue el refuerzo intermitente. Aprendió a reconocerlo, de tal manera que cuando Rober, después de separados, intentaba volver a llamar su atención, ésta ya entendía qué estaba pasando y era capaz de poner en práctica algunos tips para no volver a caer.

Algunas de esas habilidades para superar la manipulación del refuerzo intermitente lo veremos más adelante cuando hablemos de las pautas para la recuperación de la víctima.

TRIANGULACIÓN

Esta es la fase del maltrato en la que entran a formar parte tres personajes o más, que son el narcisista, la víctima y uno más cómplices. Es una técnica muy utilizada por el trastornado. El abusador utiliza a una tercera persona, que no necesariamente tiene que ser consciente de que está siendo manipulado, para crear en su víctima la sensación de peligro ante la posible pérdida de su amado. En este libro tratamos directamente el área de pareja para definir y desgranar los aspectos de los narcisistas. Pero no por ello dejan de existir las relaciones tóxicas en otras áreas como pueden ser en relaciones familiares o en el trabajo.

El narcisista en esa fase introduce a una tercera persona de manera sutil para que su pareja se desestabilice. Por otra parte, a su cómplice le pintará la película de tal manera que piense que su pareja está loca, que le trata mal, que no puede más, que está cansado de esta relación, que quiere terminar con todo, que ojalá pudiera, pero no puede por los hijos, y un largo etc…

Además, en ocasiones, el narcisista puede dejar pistas para que su víctima averigüe por sí misma que existe una tercera persona. Puede dejar su móvil a la mano de su pareja para que le sea fácil averiguar, o puede hacer como que mete la pata y se le escapa algo que no debía haber dicho. Todo para que su víctima sepa que triangula con otra persona y generarle ansiedad por la posible pérdida. El cómplice, a su vez, como no sabe que está siendo manipulado para generar este malestar en la víctima, se convierte de igual manera en víctima manipulada salvadora del pobre victimario.

La fase de triangulación puede haber comenzado desde el inicio de la relación de una manera tan sutil que ha sido imperceptible a la vista de cualquiera. Normalmente se acentúa más en la fase de descarte, donde ya se hace fehaciente que existe otra persona por la cual tiene intención de abandonar la relación.

Me llamo Daniela, vivo en Barcelona y he sido víctima de abuso narcisista durante 12 años. He vivido todas las fases de manipulación y abuso por parte de mi pareja con TNP. Fueron etapas todas ellas complicadas. Unas más felices, otras más trágicas, tristes, solitarias, y deprimentes. La fase de la que quiero hablarles ahora es en la que me sentí manipulada por triangulación. Yo soy Argentina, vivo en Born (Barcelona). Felipe y yo vivimos allí desde que nos hicimos novios. Llevábamos unos 7 años juntos cuando noté la primera vez la presencia de una tercera persona en nuestra relación. Para mí fue un palo muy fuerte. La imagen que Felipe proyectaba en mí era de un hombre diferente, un hombre honesto conmigo y con su entorno. Fue un choque brutal. No me lo quería creer. Mi vida se desmoronaba. Pero no tenía la certeza de una infidelidad. Sólo había visto indicios de flirteos, coqueteos por los que cualquier persona no hubiese marcado un culpable. Pero para mí era como si me hubiese apuñalado cien veces seguidas sin piedad. Yo estaba en un pedestal, ¿cómo me había tumbado al suelo de esa manera? ¿Qué había ocurrido?, ¿Por qué?, ¿Qué me he perdido, por qué no ha hablado conmigo si no estaba contento con nuestra relación? No he notado nada. Todo surgió cuando leí una conversación en su celular. Yo aparecía como una loca, como un mal bicho que le estaba haciendo la vida imposible, él le decía que estaba harto, que no aguantaba más, que tenía ganas de perderse de aquí. Y yo no entendía nada. Nunca me comentó que fuera infeliz, nunca me dijo que no se sentía bien entre nosotros. Cuando volvió de su trabajo le hablé de lo que había leído en su celular. ¡El pelotudo me negó todo!, me dijo que yo estaba loca, que lo que había leído no significaba eso, que estaba acusándole de algo que él no había hecho. A partir de ese momento, la relación se rompió. Seguimos juntos, pero yo ya no pude volver a confiar nunca más en él. Más adelante, hubo otros casos parecidos. Algunos de los que ni siquiera me enteré. Otros de los que no quise ni preguntar. Y llegó una época en la que 2 o 3 veces en el mes llegaba su amigo Josep a la ciudad y quedaba con él para comer, para cenar, para salir de marcha. Pero yo sabía que Josep, no estaba en la ciudad. Sabía que no estaba con Josep. Salí de vacaciones con nuestro hijo 4 días y antes de irme encontré en su celular un chat de "Sole" que estaba vacío. La conversación había sido borrada, pero el chat de Sole estaba allí. Le pregunté quién era Sole y me responde que no conocía a ninguna Sole. Creo que dejaba su celular a mi alcance para que yo encontrara todas esas conversaciones porque sabía que de esa forma me desestabilizaba, generaba en mí la ira con la que yo explotaba en discusión y con la que él se nutría de atención y suministro.

Este relato de continuas infidelidades no es la única muestra de triangulación que se puede dar con un narcisista. Recordemos la relación laboral entre Rober, Ana y Nuria. Cuando Rober utilizaba a Nuria dándole tareas que correspondían a

Ana. Nuria nunca supo que estaba siendo manipulada por Rober. Ana y Nuria se convirtieron en víctimas de su victimario mientras éste miraba desde el palco la reacción de cada una de forma individual y de ambas cuando interaccionaban juntas. Movía los hilos de ambas disfrutando de su perversa manipulación. Las enfrentaba sin tener el más mínimo arrepentimiento.

Como resumen de todo esto, el fin de esta táctica malvada no es otra que conseguir de su víctima la dependencia, haciéndole creer que está con ella haciéndole un favor porque tiene otras muchas opciones fuera, a lo que la víctima responde aferrándose aún más a su relación por sentirse desvalorizada, por la comparación con otra persona. Creando competición, genera que se intensifique la lucha por mantener su relación, la víctima se esfuerza mucho más por complacer a su depredador y una vez más, la víctima cae en un ciclo depresivo provocado por el abuso emocional, y se culpa a sí misma por creerse inmersa en un estado de celos patológicos, creyéndose una persona sin valor.

DESCARTE

A lo que yo llamo la fase del destape, pero no de aquel de los años 60 cuando llegó el bikini a nuestras playas, no. La llamo así porque es cuando el narcisista deja caer su máscara y se muestra tal como es. En el caso de Beatriz, tengo que decir que se lo pusieron blanco y en botella, pero ni así fue capaz de darse cuenta. Recibió algunas frases como:

—Beatriz: Oye, pero yo siempre estoy encargándome de todo en la oficina como una empleada y tú estás como un marajá disfrutando del barco los días entre semana con los amigos.

—Narci: ¡¡Ahh!! Para eso yo soy el jefe.

—Beatriz: Como que jefe ni jefe, la empresa es de los dos y si somos una pareja deberíamos disfrutar los dos por igual, pero tú y yo no tenemos el mismo estatus económico ni social.

—Narci: Yo no tengo la culpa de que tú tengas tanto trabajo.

Ahí te queda. Tu eres una basura y yo estoy en la cima. Otro de sus comentarios fabulosos fue:

—Narci: Eres una mantenida con un sueldazo.

Beatriz en ese momento no respondió, pero más adelante, en un momento que encontró más apropiado le preguntó por qué le había dicho eso, ***"porque no soy ninguna mantenida, que trabajo muy duro para ayudar a que esta empresa se mantenga a flote"***. Y el narci le responde sin pensárselo: ***"Yo nunca dije eso. Es imposible que yo haya dicho eso. Y si lo dije sería de broma"***. ¡¡TOMA YA!! Estaba sumergida en tal dependencia que no era capaz de alejarse de ahí.

¿A que reconociste el gaslighting?

El caso es que ya no tenía reparos en mostrarse tal y como era. Ya le decía cualquier cosa, porque Beatriz ya aguantaba cualquier cosa, ya era sumisa y adicta.

Pero la fase del descarte no se trata sólo de destaparse y mostrarse como realmente es, sino que también consiste en "descartarte" como bien dice la palabra. Ya no le sirves. Ya no tienes nada que él pueda obtener de ti. Ya no puede ser tu parásito, tus recursos se han agotado, para él estás vacía. Como diría mi amiga Daniela (Argentina) "Boleo al Orto". Y así es como te sientes realmente, como que te han pateado el trasero. Caes a un abismo desconocido. No sabes dónde te encuentras, no sabes cómo has llegado hasta ahí, no sabes por qué has llegado ahí, no sabes qué has hecho para estar ahí. Pero ahí es donde estás. Porque el narcisista ha decidido que ahora tu sitio es ese. Fuera de su vida. Aparece en ti la sensación de que te han utilizado, que has sido una marioneta, que lo que has vivido durante tantos años no ha sido real. Y empiezas a buscar en tu cabeza qué es aquello que le interesaba parasitar de ti, porque te sientes tan poca cosa que no encuentras en ti nada que pudiera ser útil o valioso para nadie. Y realmente te das cuenta de que el problema no está en ti. Está en la otra persona. Has estado nutriendo el ego del narcisista hasta que te has vaciado tu propio ego. Así que realmente ya no tienes nada que ofrecerle porque estás vacía. Se lo has dado todo. Te ha chupado todo tu ser. En algunos casos, el motivo por el que el narcisista te descarta es porque has dejado de ser sumisa, te has dado cuenta de su comportamiento y te has revelado, por lo tanto, nuevamente pierdes el valor para el victimario. Otros casos se producen porque han encontrado algo o alguien que les acerque más a sus objetivos, por lo que sueltan a aquellos que no les ayudan a conseguir que sus planes se cumplan, agarrándose a esos otros que sí les van a facilitar alcanzarlos.

En la historia de Beatrix y Carmelo, éste último siempre tuvo un objetivo claro. Crecer económicamente, tener mucho dinero. Por el camino fue utilizando, manipulando y destruyendo a todo aquel que le fuera útil para conseguir sus propósitos. Beatriz fue sólo un medio para conseguir un fin. Beatriz le ayudó a tomar una posición económica que Carmelo nunca hubiera conseguido solo. Carmelo no sabía dirigir, no sabía coordinar ni levantar una empresa. Eso fue lo hizo Beatriz para él. Entonces cuando logró alcanzar una posición medianamente estable, buscó a su alrededor otras personas que le impulsaran su carrera. Recurrió a su buen amigo Pepe Luis.

Pepe Luis es una persona muy bien relacionada, así que era la persona idónea para catapultarle al éxito que él estaba buscando. Tenía muy claro que, para lograr ser una persona rica e influyente, tenía que relacionarse con personas de ese mismo nivel y por eso fue en busca de la única persona que conocía con esas características. Pepe Luis. Éste, sin tener ni idea de sus intenciones, le creó el plan perfecto para conseguir sus contactos influyentes. Entonces fue cuando Beatriz realmente ya no le era de utilidad. Beatriz era descartada completamente y expulsada de su vida como agua sucia.

Relatado de esta manera pareciera que hemos llegado al final del ciclo narcisista. Pero nada más lejos de la realidad.

Para la víctima ha comenzado la tortura de enfrentarse a lo que le ha ocurrido. Esta es la etapa más dolorosa. Descubrir y asimilar con quién ha compartido su vida, reconocer que está en un estado de dependencia emocional por indefensión aprendida, del que le va a costar mucho tiempo y esfuerzo salir, generado por el maltrato continuado de su victimario. Aparece el sentimiento de culpa, y remordimientos. Hacerse cargo de la difamación de este ante su círculo de amistad, trabajo y familia. Queda mucho trabajo por hacer.

"Estrecha es la puerta y angosto el camino" Mateo 7:14. Así es el trayecto que seguirá la víctima hasta su completa recuperación. Pero ése es el camino que debe seguir, no existe el camino fácil, sólo el camino correcto. Habrá altos y bajos, será como una montaña rusa, pero habrá que seguir. Seguir adelante es el único camino por tomar. Si miras atrás estás perdida. Si te paras estás perdida. Si dudas, estás perdida.

Y decimos que ésta no es la última fase del ciclo narcisista porque realmente no es la última. Porque dentro de esta misma fase de descarte, hay una característica que no debemos pasar por alto y es **la campaña de difamación**. Esta es una de las últimas etapas del ciclo abusivo narcisista, pero también de las más duras, destructivas y dolorosas. La víctima se encuentra ante el rechazo de su entorno social, familiar o laboral debido a las mentiras y manipulaciones que el trastornado ejerce sobre los conocidos de su entorno común después de que finalice la relación. Esta estrategia difamatoria va dirigida a crear el rechazo en el entorno de la víctima, el desprestigio y dañar su buen reconocimiento. Sin remordimientos, el narcisista reparte mentiras a diestro y siniestro en aquel entorno que quiere generar daño. Por ejemplo: Si el narciso lo que quiere es destruir laboralmente a su víctima, se centrará en distribuir sus manipulaciones, mentiras y engaños, entre las personas del entorno de trabajo de su víctima. Así se asegura de que la persona que realmente conoce su modus operandi, que es la víctima, no destape su verdadera cara ante los demás, porque no la creerían ya que él se ha encargado de antemano de difamar y desprestigiarla. El carismático y atractivo depredador, suele salirse con la suya en la difamación, ya que la empatía de la víctima le lleva a actuar de forma legal y leal hacia sus amistades, compañeros de trabajo o familiares. Todo lo contrario, a lo que el narcisista hace, ya que éste no tiene empatía, ni remordimientos, ni sentimientos, así que manipula al resto llevándoselos a su terrero y enfrentándolos contra la víctima a la que intenta desacreditar. Entre las mentiras que el narcisista suele utilizar para sus fechorías frente al resto de conocidos o relacionados suelen estar las siguientes:

- Está loca
- Me tenía amargado
- Me tenía abandonado
- Me quiere robar
- Se quiere quedar con todo y dejarme tirado
- No paraba de discutir
- Es un demonio
- Está paranoica
- Es una persona insegura
- Tiene algún problema psicológico
- Celosa patológica
- Tengo depresión por su culpa
- Está manipulando a los niños en mi contra
- Y por supuesto, me fue infiel en muchas ocasiones

Ésta o muchas más pueden ser las artimañas que utiliza el trastornado para arruinar tu reputación a través de mentiras, o realzando tus errores o defectos. Los narcisistas suelen utilizar esta herramienta tan potente para crear una penosa imagen de la víctima en la mente de los demás, así como para mantener su poder y control sobre ésta.

DEVALUARTE

- Te hacen parecer mala persona.
- Crean tu imagen de inestabilidad mental.
- Desprestigian tu labor en el trabajo.
- Te muestran como una persona dañina.
- Bruja / Demonio.

ACALLARTE

- Tu versión no es creíble. La suya sí.
- Él es la víctima y tú la victimaria

REACCIÓN

- Te desestabilizan.
- Reaccionas por autodefensa.

Cuando tienes un psicópata o narcisista en tu vida te ocurren cosas; mientras tú estás haciendo tu vida sin enterarte de lo que ese personaje difama a tus espaldas. Entonces, para tener claro qué es lo que busca el narciso con la campaña de difamación, piensa que no tiene nada que ver contigo, ten claro que tú no eres como te describe el trastornado, sólo es como quiere mostrarte ante los demás. Sólo se trata de taparte la boca para que no expreses las verdades que él sabe que ha cometido, pero que no le interesa que se conozcan porque podrías descubrir la vida falsa que él se ha construido ante ese entorno.

El victimario conoce tan bien a su víctima que sabe qué teclas tiene que tocar para provocarla y sacar de ella lo peor de sí. Lo hace para obtener de ésta una reacción agresiva que luego pueda reprochar ante de los demás. Es una táctica muy utilizada por los depredadores sociales, incitar a la víctima a una actitud violenta y agresiva para que ella misma se desacredite con su propio comportamiento.

En una ocasión, un compañero de trabajo me preguntó si yo nunca reía. Esa pregunta me profundizó bastante porque me hizo recapacitar y darme cuenta de que mi yo alegre y divertido había desaparecido y que mostraba esa evidencia en mi aspecto externo. En mi entorno hay muchas personas que no me conocieron antes de la relación con el narcisista. Todas esas personas no me conocieron en mi etapa de alegría y felicidad. Solamente conocen la etapa de abuso, tristeza, mal humor, irritabilidad que desprendía por estar sometida al abuso constante.

En capítulos anteriores comentábamos que el abuso narcisista se trata de un bucle, en el cual, una vez entras en él, no para de girar en círculo. Y es que el trastornado, te ha dejado bien claro que ya no le interesas, que ya no siente nada por ti, que eres una basura que tira a la papelera sin desazón.

Pero te guarda en la recámara por si alguna vez te volviera a necesitar o por si más adelante pudiera encontrar en tí alguna particularidad susceptible de ser nuevamente aprovechada. Por eso, el parásito, ha creado la nueva fase del ciclo abusivo llamado hooverin, al que yo he puesto el nombre de "el regreso".

HOOVERING, EL REGRESO

La palabra hoover en inglés (aspiradora) es la etapa en la que el narcisista vuelve a rondar a la víctima. Por eso yo la he llamado el regreso, aunque en realidad no se trata de un regreso literalmente. En ocasiones, el narcisista comienza esta fase con el fin de iniciar de nuevo el ciclo de abuso a su expareja. Vuelve a estar rondándola, tanteándola, se muestra arrepentido, reaparecerá aparentando haber cambiado para así poder colarse en tu estado mental defectuoso. Comenzará por restablecer contacto, por mostrar la apariencia de buena persona que se lleva bien contigo. Este es el momento en que el hoovering se hace efectivo, no cuando ya le has dejado regresar, porque si no permites este primer contacto, el hoovering no podrá llevarse a cabo y el ciclo habrá terminado. Pero, antes de seguir con la descripción de esta fase, déjame que te comente que hay otras ocasiones, en las que el narcisista no pretende volver con su expareja, pero, aun así, inicia la fase de hoovering con el propósito de tantear el terreno y comprobar que aún te mantiene en su recámara anhelando por él. De modo que vamos a estudiar las señales que nos dan indicios de que sus intenciones no son buenas.

CONTACTO INESPERADO

Te envía un mensaje haciendo recordatorio de cosas que hicieron juntos cuando erais pareja, alguna película que vieron en el cine, algún lugar especial para vosotros, algo muy gracioso que hizo vuestro hijo cuando cumplió x años. Por ejemplo:

—¿Hola, cómo estás?

—Hoy he tenido que ir a entregar una documentación a la plaza central y al pasar por el parque he recordado lo mucho que nos gustaba sentarnos a ver los patos. ¿Lo recuerdas? ¡Cómo extraño aquellas tardes en tu compañía!

Este es el momento justo en el que hay que borrar el mensaje y guardar el móvil en un cajón de la cocina bajo la caja de los cuchillos de trinchar el pavo y los paños de secar la plata, o sea, aquel que uno sólo abre una vez al año.

USA A TUS AMIGOS O FAMILIARES

A veces hacen uso de alguna amistad o de algún familiar con el que aún mantienen relación para hacerse la víctima y mostrarle arrepentimiento de haber dejado que te fueras. (Fíjate que no he dicho haberte abandonado, sino haberte dejado ir. Sutil, ¿verdad?). Lo hacen para que el mensaje te llegue de la mano de alguien de confianza, del círculo cercano a su víctima y por lo tanto te genere más seguridad.

Podéis advertir desde "ya" a vuestros amigos y familiares que de ocurrir alguna vez esto, NO QUEREIS QUE OS LO CUENTEN.

SE PRESENTA DE REPENTE

De forma inesperada te lo tropiezas en tu casa, o tu trabajo y se dirige a ti como si aún fuera tu pareja, como si no hubiera pasado nada, incluso cuando hayan terminado la relación hace tiempo. A veces esta forma de actuar también la aplican en sus mensajes.

En estos casos lo conveniente sería que, de forma muy cordial le digáis que ahora mismo no podéis atenderle, que estáis muy ocupados y que le agradecéis que la próxima vez avise si tiene intención de venir. Evidentemente si avisa no se le da cita.

VICTIMISMO

Utilizará cualquier excusa para llamar tu atención provocando que te preocupes por su estado de salud, por algún tipo de accidente o cualquier otro motivo en el que aparezca como víctima de lo ocurrido. Lo hace para ocasionar un acercamiento.

Igual que en los casos anteriores, la recomendación es no sucumbir a sus encantos ni a sus deseos. De manera educada lamentas lo ocurrido y esperas que se recupere pronto. Nada más. Ninguna muestra de preocupación o interés por tu parte.

PRETENDER QUE NO HA SUCEDIDO NADA

Esta técnica es usada por aquel narcisista con el que has tenido una relación disfuncional que ya ha terminado. Con ella restablece la comunicación aparentando que no ha pasado nada. Es posible que durante la relación hayas sufrido abuso emocional, psicológico o físico, pero el narcisista hará como si nunca hubiera pasado nada.

La recomendación para esta forma de actuar es que no prestes atención, si es posible, le interrumpes y le dices que sintiéndolo mucho tienes que dejarle porque tienes cita en la manicura o el peluquero, para arreglarte la barba o lo cualquier cosa, al terminar, te despides y te vas. SIN MIRAR ATRÁS. Que nos conocemos.

SEÑALES DE ARREPENTIMIENTO O DECLARACIONES DE AMOR

Estas dos cosas pueden ser muy peligrosas porque guardamos en nuestro interior un cachito de aquel love bombing que se nos grabó a fuego y con esta técnica podría volver a destapar muchos sentimientos escondidos. Podrá pedirte perdón de manera tan creíble que te mirará a los ojos e incluso podrá llorar. Te ofrece declaraciones de amor unidas a promesas de futuro que siempre quiso contigo pero que se vieron truncadas por la separación.

Cuídate de no confirmar ninguna cita con el personaje bajo ningún concepto. Si no te ves capaz de rechazar las propuestas de amor del narciso, no acudas a la cita. Evita darle el primer paso para volver a capturarte.

¿Cuánto tiempo de tu vida has perdido en relaciones tóxicas?

¿Cuánto tiempo de tu vida estás dispuesta a volver a perder?

¿Hay algo más valioso que nuestro propio tiempo?

Es lo único con lo que no podemos negociar. No dejes que nadie te robe tu tiempo. Evita caer de nuevo en la misma trampa, porque al principio puede parecer un juego inofensivo, pero viniendo de quien se trata, ya conoce tus puntos débiles y ya sabe cómo mover los hilos para hacerte tambalear y caer en sus brazos. Y aquí es donde comienza de nuevo el bucle. Cuando dejamos que nos entre hasta el tuétano, nos vuelva a colmar de atenciones y regalos, aportación económica, que a todo nos diga que sí. Cuando depositamos nuestra confianza nuevamente en el trastornado que nos quiere volver a destruir.

PARTE III
PLAN DE ACCIÓN

CAPÍTULO 8
ANTES y DURANTE

Como ya hemos comentado en varios capítulos de este libro, el Trastorno Narcisista de la Personalidad, se caracteriza por una percepción distorsionada de sí mismo, así como por un patrón que no se adapta a las relaciones interpersonales.

Según el Manual Diagnóstico y Estadístico de los Trastornos Mentales, el Trastorno de la Personalidad Narcisista pertenece al grupo B junto al histriónico y antisocial.

Te preguntarás para qué te comento todo esto, y en realidad es que me gustaría que entendiéramos que independientemente del daño que infunden a sus víctimas y a la sociedad, no dejan de ser seres con un trastorno que han creado a partir de sus traumas infantiles.

Con esto no quiero que bajemos la guardia de ninguna manera, y mucho menos que sintamos lástima por ellos. Solamente quiero adelantar que la mejor forma de no dañarnos a nosotros mismos ni a ellos es alejarnos. De nada sirve arremeter contra su persona igual que ellos han abusado de la nuestra.

Es un ser que, por culpa de sus traumas infantiles, ha creado una coraza para protegerse. Sin embargo, la fabricación de esa coraza resultó defectuosa ocasionándole una carga vitalicia que irradia destrucción hacia las personas que encuentra a su paso y sobre todo hacia sí mismo. No debemos olvidar que tarde o temprano, más fácil o difícil, nosotros saldremos algún día de sus redes. Sin embargo, los trastornados son como la araña que ha quedado atrapada en su propia tela y no se explica qué ha pasado, por qué y mucho menos cómo escapar de ella.

Habiendo aclarado todo esto, tengo que decir que, el narcisista en la mayoría de los casos no tiene cura. No la tiene porque no se atreve a acudir a un psicoterapeuta. Para empezar, no es consciente de que tiene un problema mental. A veces, ni siquiera reconoce que tiene un problema, por lo tanto, es imposible aplicar ningún método para su recuperación. A menudo, son tratados con fármacos que no son específicos para dicho trastorno porque para ello, aún no se ha inventado ningún medicamento.

De aplicar algún **tratamiento**, éste podría estar basado en la **mentalización.** La mentalización se refiere a la capacidad que tienen las personas de reflexionar y comprender su propio estado de ánimo y el de los demás. Esta terapia, ayudaría al narcisista a relacionarse con los demás mediante la empatía, le estimularía la conciencia para poder ver cómo sus acciones afectan directamente a la vida de los que le rodean, al mismo tiempo que le facilitaría la regulación de sus emociones de manera eficaz.

Al margen de todo lo expuesto, no nos debemos sentir superhéroes o superheroínas para emprender la acción de salvar a los "desvalidos" narcisistas. En la fábula de Esopo (fabulista de la antigua Grecia) éste nos contaba:

El escorpión le pidió a la rana que lo cargara en su espalada para ayudarle a cruzar el río,

La rana le dijo: —¿Cómo sé que no me picarás?

El escorpión respondió: —porque haría que ambos nos ahogáramos.

La rana, después de pensarlo un momento, aceptó; y a la mitad del río el escorpión le picó con su aguijón.

Cuando la rana le preguntó ¿por qué?, si los dos vamos a morir;

el escorpión respondió: —así es mi naturaleza, es inevitable.

La moraleja de esta fábula nos enseña: "No trates de engañarte con alguien, creyendo que es o puede ser igual que tu; hay personas que sacarán su maldad sin importarles las consecuencias de sus actos, ni dañarse a sí mismos porque su condición y su naturaleza es esa y punto.

He querido expresar todo este contenido porque me hubiera gustado seguir explicando cómo un narcisista puede hacer para cambiar su conducta. Cuál es la ayuda que necesita para cambiar y cómo le podemos ayudar. Pero lamentablemente no hay forma de hacer cambiar a un narcisista. La psicoterapia que se aplica para estos casos podría tardar en dar sus frutos entre 5-10 años. Los narcisistas no tienen la capacidad para mantenerse en terapia durante tanto tiempo, por lo tanto, la recuperación resulta imposible.

Entonces, como prescripción no profesional, he de recomendarte que lo mejor en estos casos es que te olvides de sanar al narcisista y te centres en sanarte a ti mismo.

Para poder crear tu plan de acción y hacer que sea lo más efectivo posible, lo mejor sería tomarte con paciencia los comienzos de cualquier relación. No tengas prisa, si es tu media naranja, se quedará para siempre.

Cuando nos acercamos a una persona por primera vez, siempre nos preocupamos por causar buena impresión. Esto no tiene nada de malo si las intenciones no van más allá de caer bien. El problema aparece cuando mentimos acerca de nosotros con fines malintencionados hacia la otra persona. Las personas que llevan esta careta en los comienzos no podrán sostenerla para siempre, por lo que, lo más sensato antes de comenzar una relación de pareja, sería pasar un tiempo prudencial conociéndose antes de la convivencia para así poder descubrir a la persona cuando se quite su careta y que no sea demasiado tarde. Una de las primeras actuaciones de los narcisistas para apresar a su víctima, consiste en ir a vivir juntos inmediatamente. Recordemos las banderas rojas. Ésta es una de ellas.

Las amistades forman parte del conjunto de relaciones beneficiosas para el estado de bienestar de los seres humanos. Con ellas, las personas experimentan la sensación de pertenecer a un grupo, aumentando así la confianza en sí mismo y, por ende, su autoestima. Para los narcisistas, las amistades son seres que entorpecen el propósito de aislamiento de su víctima, por lo que siempre hace lo posible por alejarla de ellas. Mantener las relaciones interpersonales es un requisito casi indispensable para no caer en una relación tóxica.

En las palabras del filósofo británico Edmun Burk *"Lo único necesario para el triunfo del mal es que los hombres buenos no hagan nada"*. Esta frase viene a decir que, si somos conscientes de que algo no va bien, si tenemos un mínimo indicio de que nos mienten, que nos manipulan, que nos abusan, una simple respuesta fuera de lugar o de tono, no nos quedemos indiferentes, porque la pasividad fortalece al narcisista y debilita nuestra dignidad. Nos viene a decir que estemos atentos que, a la primera de cambio tomemos acción.

Si has logrado escapar de las garras del malvado antes de que te haga presa de su red, ¡ENHORABUENA!, pero si por el contrario ya estás dentro del túnel de la tortura, no te desanimes, se puede salir.

Muchas de nosotras no hemos sido conscientes de que estábamos en relación con un narcisista hasta que nuestra relación terminó y recurrimos, o bien a psicoterapeutas o bien a la lectura para darnos cuenta del lío en el que estábamos metidas. Pero lo que sí que tuvimos la mayoría en común fue la necesidad de salir de ese vínculo tóxico y la fuerza extraña que nos lo impedía.

Paula y Berto son una pareja de 30 y 32 años respectivamente. Se conocieron en la universidad mientras cursaban sus estudios de ingeniería. Berto, es un muchacho gentil y bondadoso, muy carismático y atento con todos los compañeros. Paula, es una chica tímida pero agradable, se adapta al grupo sin hacer mucho ruido, es colaboradora con el resto y presta ayuda a los demás siempre que lo necesitan. Se conocieron el primer año de carrera. Berto quedó deslumbrado por Paula nada más verla entrar por el aula. Pasó varios días contemplándola y deleitándose del contoneo de sus caderas al andar, y de la sutileza de sus labios al sonreir. Paula, sin embargo, no se había percatado de la existencia de Berto hasta que coincidieron una mañana en la cafetería de la facultad. El vaso de café se estrelló contra el suelo causando un estrepitoso ruido. El pantalón de Paula recibió la peor parte porque el café con leche se incrustó en su pantorrilla dejando su huella bien marcada. Berto no tardó en auxiliar a la muchacha que se había quedado paralizada por milésimas de segundo de su vida. Fue así como crearon contacto por primera vez. A partir de ese momento, Berto se convirtió en el príncipe azul de Paula. Los mejores momentos de la vida de ella acababan de llegar a su frágil vida. Estaba viviendo en un cuento de hadas, no podría ser cierto. Nunca pensó que pudiera encontrar a su príncipe de fábula.

Probablemente a estas alturas del cuento ya Paula debería haber detectado varias banderas rojas que pasó por alto, bien por estar demasiado ensimismada con el cortejo, o bien, por el desconocimiento de la existencia de los depredadores narcisistas y sus fases de manipulación. ABRE LOS OJOS Y NO TE DEJES DESLUMBRAR.

Paula vivía en una residencia de chicas para universitarias. Allí compartía habitación con otra compañera. Berto, sin embargo, compartía piso con otros compañeros y compañeras cerca de la universidad. Berto enseguida consiguió que Paula dejase su residencia y se instalara en el piso que éste compartía con sus otros colegas.

A Paula le fue imposible detectar las banderas rojas antes de meterse de lleno en la relación, pero una vez dentro, mejor caminar despacio, estudiando el terreno antes de andarlo. Berto ya ha ganado su primera contienda. Pero va a por más. UN PASO DETRÁS DE OTRO.

Paula, por su gran empatía y su alto nivel de compasión, se va adaptando poco a poco a la vida de Berto dejando la suya en segundo plano. Se ha alejado de sus amigos de siempre, porque ahora tiene más contacto con los compañeros de piso amigos de Berto. Pero su recién pareja demanda tanta atención, que, ni siquiera puede relacionarse con éstos últimos. Paula siente tanta admiración por su protector y salvador, que se ha olvidado de sus propias necesidades humanas.

En tan poco tiempo Berto, ya ha ganado su segunda batalla. Ya ha conseguido volverla dependiente, enamorarla, aislarla y ahora sólo le queda empezar a depredarla. TU SABES CUIDARTE MEJOR QUE NADIE.

Berto había empezado a faltar el respeto a Paula. Ya no respetaba sus límites, contaba mentiras que ni siquiera eran necesarias. Todo esto a Paula le chirriaba en su cabeza que no era capaz de comprender qué estaba pasando. Por qué Berto se comportaba de esa manera. Paula siempre le justificaba diciendo que el pobre habría tenido un mal día. Que quizá ella le había provocado mal estar, que está muy estresado por los exámenes y ella sin embargo insistió en salir al parque. Ella siempre muy comprensiva, tolerante y adaptada.

La tolerancia de Paula respecto a los ataques gota a gota de Berto, le mantienen a él alejado de una relación que, por su gran inseguridad, le aterroriza comprometerse. Por eso, mantiene a Paula en confusión para lograr el dominio de la situación sin mostrar al exterior que todo viene ocasionado por su propio miedo al fracaso. PON TUS LÍMITES Y NO DEJES QUE NADIE LOS TRASPASE.

Terminados los estudios, Paula y Berto se lanzan a la vida laboral. Ambos con sus nuevos trabajos comentan en casa su día con sus tareas y sus compañeros. Pero siempre Berto se apodera del tiempo para contar sus experiencias, siempre sus labores tienen más importancia que las de Paula, siempre Berto sabe más que ella y siempre Paula es más inculta e indocumentada que Berto. Así, día tras día, Paula se va haciendo pequeñita, y silenciosa ante la voz sonante de su compañero. Paula siente que su relación no va como ella la había idealizado y decide hablar con Berto de cómo se siente.

—Paula: ¿Berto, has notado que ya no nos llevamos como antes?

—Berto: Pues no, ¿por qué lo dices?

—Paula: Pasamos todo el tiempo discutiendo, ya no tenemos temas de qué hablar. Parece que quieras dejarme.

—Berto: No, yo estoy bien como estamos, no he notado nada, estoy tranquilito. ¿No será que eres tú la que quiere dejarme? ¿Será que tienes a otro?

—Paula: ¿De qué hablas? Me estás acusando de algo que no he hecho.

—Berto: Ya vas a enfadarte otra vez, es que contigo no se puede bromear, siempre te pones a la defensiva. (Se levanta y se va)

En este punto, Berto le ha dado la vuelta a la tortilla y con su aire de inocencia, le ha endosado la responsabilidad de lo que está ocurriendo dentro de la pareja sólo a Paula, además de rebajarla diciéndole que no sabe encajar una broma. NO ASUMAS LA CULPA. NO DEJES QUE TE HAGA SENTIR POCA COSA.

Hoy hay partido de fútbol y juega el equipo del que Berto es aficionado. Pero es el cumpleaños de Paula. Ya ha llegado la tarde y Berto aún no la ha felicitado. Ésta se siente rechazada, desplazada, siente falta de afecto o amor. Al llegar a casa encuentra a esa persona perversa con la que tiene una relación acomodada en el sofá listo para zamparse un partido de los mejores de la temporada. Paula, cabizbaja, saluda al entrar y de seguido pasa a su habitación a encerrarse a llorar. Nadie se ha percatado de ella hasta llegado el descanso de la primera parte. Es cuando éste se acerca a la habitación y le pregunta:

—Berto: ¿Estás llorando?, ¿ahora que te pasa, por qué lloras?

—Paula: Por nada, déjame.

—Berto: ¿Por nada? Bueno, pues nada. No me lo digas. (Volviendo a acomodarse ante su partido de fútbol)

—Paula: Ni siquiera me has felicitado por mi cumpleaños, le dice ésta.

—Berto: ¡Ay, que era hoy!, me despisté. Tengo tantas cosas en la cabeza que no me puedo acordar de todo. Si me ayudaras un poco con todo lo que tengo que hacer a lo mejor me despejaba más la cabeza para acordarme también de tus cosas.

La idea del narcisista es que su víctima no se dé cuenta de que no la quiere, pero por medio del dominio que ejerce sobre ella, la confunde haciéndole creer que sí la ama para que no se aleje y poder seguir depredándola. Además, imprime la culpa sobre ella para dejarla paralizada y que ésta sea incapaz de hacer cualquier cosa sin él. HUYE SIEMPRE QUE TE SIENTAS PARALIZADA, SI SIENTES QUE NO ERES CAPAZ DE HACER COSAS POR TI MISMA Y TU SOLA.

CAPÍTULO 9

SÍNDROME DE ABSTINENCIA

Tomar acción para recuperar aquella persona que fuiste antes de tu abuso es lo que nos toca en este capítulo. No tengas miedo, no te sientas perdida porque es posible salir del pozo donde estás, no te sientas sola porque somos muchas las que hemos vivido esta situación, no te sientas culpable porque tú no has sido consciente de la manipulación a la que has estado expuesta, no te digo que sea fácil, el trabajo es duro y el camino es largo, pero si me dejas que te acompañe en esta travesía, verás como lo consigues. Déjame te guíe.

Descubrir que has estado bajo el manejo de un enfermo mental da mucho miedo. Sobre todo, cuando éste ha sido agresivo físicamente. Sabemos, porque lo hemos vivido, que también existe la agresión psicológica y no es menos dañina que la física. En ambos casos, los recursos de que disponemos para liberarnos del abuso narcisista son bastante escasos.

El síndrome de abstinencia es un conjunto de reacciones tanto físicas como mentales que sufre una persona con adicción a una sustancia cuando deja de consumirla. Ese mismo proceso es el que ocurre cuando se rompe una relación tóxica narcisista. La víctima es despojada de su sustancia adictiva, que en este caso es su victimario, que, por medio del refuerzo intermitente, ha generado en ella la necesidad de consumo del aporte positivo. Esta adicción emocional se asemeja a la de las sustancias nocivas incluso en sus síntomas. Algunas reacciones físicas o mentales que podemos comparar con estos síntomas podrían ser:

1. DESEO DE CONSUMIR

El deseo de volver a pasar tiempo con esa persona es el mismo que el que te produce el haber dejado de fumar. Tu mente se inunda de pensamientos que te rumian continuamente sobre el placer que te producía el consumo de dicha sustancia, en este caso, el placer del refuerzo positivo que te daba el narcisista en ocasiones alternas.

Podemos aferrarnos a este deseo y esperar a que el tiempo lo haga desaparecer, cosa que no ocurrirá, o podemos poner acción para hacerlo desaparecer nosotros mismos en el menor tiempo posible. En mi experiencia, la forma de pasar de un pensamiento destructivo a otro liberador fue la de recordar por qué estoy dejando de fumar. O sea, por qué estoy saliendo de esta relación. La primera vez que noté que esto era abstinencia, cogí una hoja de papel y bolígrafo. Me propuse hacer un recordatorio de todo aquello que había vivido en esta relación y que me había empujado a llegar a donde estaba ahora mismo. Entonces, cada vez que notaba necesidad de hablar con esa persona, tener contacto o su presencia, sacaba aquella lista y la leía varias veces hasta que mi subconsciente asimilaba los motivos por los que estaba tomando aquella difícil decisión.

2. MALHUMOR O IRRITACIÓN

Como ya les he mencionado anteriormente en este libro, yo no soy profesional de la psicología, pero en mi investigación acerca del TNP, gran parte de las victimas que he sondeado, me han expuesto en sus testimonios que, el mal humor, la irritabilidad, y el enfado han sido uno de los síntomas que han experimentado con la separación. Esto forma parte de la montaña rusa que experimentamos a lo largo de la recuperación. Unas semanas, o incluso unos días, te sentirás fuerte, valiente para seguir tu camino hacia adelante sin que nada ni nadie te detenga, pero habrá momentos que esa fortaleza decaiga y aparezcan síntomas de enfurecimiento contigo misma y con el otro. No hace falta reprimirlo siempre que no se dañe a nadie del entorno. Intenta no reflejar esa ira con los niños, ni con los familiares, ni compañeros de trabajo. Es muy frecuente que, debido al estado de estrés o depresión en el que te encuentras, sean los niños los que terminen soportando actitudes agresivas.

3. INSOMNIO

Las víctimas de abuso narcisista estamos sometidas a un trastorno postraumático tras la ruptura. Los acontecimientos que hemos vivido durante la relación tóxica nos han generado un trauma. Este trauma se puede manifestar a través de recuerdos recurrentes, imágenes repetitivas o pensamientos abrumadores que a su vez ocasionan que pasemos unas largas noches intentando conciliar el sueño. Es uno de los síntomas más difíciles de sobrellevar. Conciliar el trabajo o estudios, las tareas domésticas o cualquier otra ocupación que nos lleve al día siguiente, se nos hace cuesta arriba, pero el problema viene cuando esta situación se repite durante días continuados, o incluso semanas. Prolongar este estado en el tiempo supone exponerse al riesgo de todo tipo de enfermedades físicas, psicológicas o psicosomáticas. Más adelante, aprenderemos técnicas para combatir el insomnio de manera natural que nos aporte un estado de bienestar.

4. ESTRÉS, ANSIEDAD O DEPRESIÓN.

Estas son las trillizas de las relaciones tóxicas. Difícilmente viene una sin estar acompañada por las otras dos. Igual que si de hijos se tratara, lidiar con estos tres a la vez es muy, pero que muy complicado. Cuando parece que uno se duerme, se despierta el otro y lo mismo con el tercero.

El abuso narcisista suele dejar secuelas muy marcadas a nivel cognitivo en quienes lo experimentan. Por supuesto, el tiempo en el que hayamos estado dominados por la influencia del narcisista también es un factor para tener en cuenta para considerar el nivel de daño producido.

El estrés causado por la presión continua del narcisista sobre su víctima le genera ansiedad a ésta haciéndola sentir atrapada como en una jaula. Esta coacción hace florecer desde pensamientos obsesivos, ataques de pánico, o síntomas de hipocondría. Todo esto en una coctelera junto a la culpabilidad, la ignorancia de lo que ocurre, la responsabilidad y el resto de las tareas habituales de su día a día, bien agitado y con un poquito de hielo… tachán… depresión.

O sea, que, si por casualidad te vas encontrando alguno de estos síntomas en tu trayectoria hacia la libertad, no te preocupes porque es lo normal en estos casos. Llora, duerme, pasea, grita, pega a una almohada, haz lo que quieras, pero sigue adelante, no te rindas porque es de la única manera de soltar.

CAPÍTULO 10

LUZ AL FINAL DEL TÚNEL

Domingo por la mañana. La luz del día no puede entrar por la ventana porque las persianas aún están bajas. El barrio está en silencio, no se oye ni los perros ladrar. Pleno marzo, aún hace frío al despertar, no apetece levantarse temprano. Así que, desde la cama echo un vistazo al final del pasillo y como un flechazo lo primero que veo es el móvil de mi marido sobre la mesa del comedor. Clin! De repente, sin pensarlo dos veces, me levanto de la cama directamente a coger su móvil. Era la primera vez que hacía eso en 12 años de relación. Pero no sé por qué lo hice en ese momento. Fue un acto reflejo. Al abrirlo encontré llamadas muy repetitivas del mismo número. Siempre el mismo. Un teléfono, que por su numeración correspondía a un pueblo conocido. Sé quien vive ahí. Pero voy a probar a hacer una llamada para ver quién me responde. Era un número fijo. No era un móvil. En mi intuición yo sabía quién me iba a responder, pero quería comprobarlo y evidentemente quería equivocarme. Pero no fue así. Cuando al otro lado la voz respondió, era la pareja de la secretaria de mi marido. No supe qué decir. En ese momento la única frase que pude decir fue: "Tu mujer está liada con mi marido" y colgué el teléfono. Pero me devolvió la llamada y entonces ya hablé con él. Éramos amigos. Habíamos salido a cenar los cuatro juntos en varias ocasiones. Cuando terminamos de hablar, fui a reclamarle a mi marido. Por supuesto, me dijo que estaba loca, que eso me lo estaba inventando yo. Que lo tenía harto. Le eché de casa. La semana anterior, yo estaba muy perdida. No sabía qué estaba pasando con nosotros. El me trataba muy mal, con desprecio, con altanería, con arrogancia, a veces no me contestaba. Y, aunque durante nuestra relación siempre fui la tonta que aguantó de todo, oír que yo no daba para más, que nunca hacía bien las cosas, que su madre cocinaba mejor, que sus primas vestían mejor, que su hermana era más guapa... y un largo etc, aunque soporté todo eso durante años, yo creía que estaba enamorada. Hacía tiempo que nuestra relación iba fatal. Yo había pasado de ser su compañera de fiestas, su amor incondicional a su cubo de basura, su trapo sucio, su alfombra. Y, claro, así me sentía yo, como una alfombra pisoteada. La semana anterior a descubrir las llamadas de su amante en el móvil, me juró y me perjuró que no había nadie. Que yo estaba desquiciada. Pero bueno, era una relación sin hijos, de dos personas jóvenes, sin propiedades, y fue muy fácil romperla. Cada uno por su lado y ya.

En este caso se trataba de una relación con un narcisista abierto. Aunque el modo de actuar es muy similar al narcisista perverso, pero a esos primeros se les ve venir. Te maltratan abiertamente y si no eres tan tonta como lo fui yo, y te quieres un poquito, puedes darte cuenta a tiempo y salir de ahí más o menos airosa.

De eso trato de hablarte en este libro. Después de haber dado un pequeño detalle de cómo son, cómo actúan, sus patrones habituales de manipulación, y su ciclo de abuso, sólo me queda ayudarte a salir del trauma en el que te han dejado.

No dejo de repetir que no tengo formación psicológica, pero si un buen trabajo de investigación, además de contar con varias experiencias personales que cumplen con todos los indicadores de relaciones tóxicas con narcisistas.

¿Qué pasa si vamos sobreviviendo a relaciones tóxicas, una tras otra, una tras otra? En realidad, lo que está sucediendo es que en ninguna de ellas hemos aprendido lo suficiente para no volver a caer. No hemos reparado aquel defecto que está en nosotros y que está causando ese bucle repetitivo que nos hace caer con parejas de la misma condición una y otra vez.

Gracias a mi amiga Teresa descubrí el Ho'oponopono. Me apeteció instruirme un poco más en esta maravillosa técnica de sanación y entonces descubrí que hay una afirmación positiva que me parece muy apropiada para el momento que estás viviendo que dice: ***"Divinidad, limpia en mi todo aquello que está generando esta situación"***. El Ho'oponopono es la técnica ancestral hawaiana del perdón. Significa "limpieza mental". Consiste en sanar tu interior para que dejes de atraer aquellas relaciones o situaciones que estás atrayendo ahora mismo. Al sanar y cambiar tu interior, también sana y cambia tu vida. Y eso es en lo que nos tenemos que enfocar precisamente ahora, en sanar nuestro interior. Te voy a facilitar algunas afirmaciones positivas que te ayudarán a sanar tu interior y limpiar tus pensamientos. Puedes elegir las que se adapten mejor a ti, o puedes repetirlas todas.

Párate aquí un momento y hagamos esta meditación de relajación y sanación. Repite estas afirmaciones positivas tantas veces como quieras en el día hasta que tu subconsciente las asimile como la realidad.

- Ponte en una postura cómoda.
- Relaja las piernas, y los brazos.
- Siente tu cuerpo en el espacio.
- Ve sintiendo los dedos de los pies,
- Luego los pies,
- Siente tus piernas,
- Inspira por la nariz y llena de aire tu todo tu cuerpo
- Expira por la boca
- Siente los dedos de las manos
- Las muñecas y las manos
- Siente como tus brazos se relajan
- Suelta el aire por la boca en una exhalación larga y lenta
- Toma respiración por la nariz.
- Mantén unos segundos.
- Suéltala por la boca
- Repite respiración 3 veces. (La respiración ha de ser suave, no forzada)
- Ahora siguiendo con la respiración pausada, repite:
    - *Divinidad, limpia aquello que hay en mí que está generando esta situación.*
    - *Reconozco que todo lo que pasa está en mi interior.*
    - *Atraigo al amor, la salud y el éxito*
    - *Tengo una confianza imparable dentro de mí*
    - *La vida es genial todo el tiempo*

- *Creo y confío en la vida*
- *Transformo el odio en amor*
- *Transformo el miedo en amor*
- *Siempre encuentro la solución si tengo problemas*
- *Estoy muy emocionada porque todos mis sueños se están haciendo realidad*
- *Grandes cosas siempre aparecen en mi camino*
- *Mi corazón está lleno de amor*
- *Trasciendo de los momentos difíciles de mi vida*
- *Soy una persona feliz*
- *Soy una persona segura de mí misma*
- *Encuentro ayuda siempre que la necesito*
- *Sé que todo funciona para mi mayor bien*
- *Las oportunidades parecen caer en mi regazo*
- *Estoy llena de energía y vida*
- *Merezco el amor, abundante amor*
- *Soy una buena persona que merece la felicidad*
- *Elijo construir mi vida sobre la base de la esperanza el valor y el amor*
- *Me amo por quién soy*
- *Tengo el poder y la fuerza de superar lo que parece insuperable*
- *Todo está bien en mi mundo*
- *Estoy altamente motivada*
- *No importa lo que otros piensen de mi porque sé quién soy.*
- *Soy un centro de positividad alegría y amor*
- *Decido ser feliz con lo simple de la vida*
- *Estoy increíblemente agradecido por toda mi vida*
- *Utilizo mi pensamiento positivo para manifestar una vida positiva.*

- *Elijo pensar en positivo y crear una vida maravillosa para mí*
- *Actúo sin miedo*
- *Recupero mi vida y me lleno de amor*
- *Paso a paso logro sanar mi corazón*
- *El universo siempre me proporciona lo que quiero*
- *Estoy muy feliz y agradecido por mi vida*
- *Las cosas siempre tienen una forma de resolverse*
- *Tengo una vida maravillosa*
- *Me doy tiempo y espacio para expresar mis sentimientos*
- *La vida se arregla a mi favor*
- *Amo quien soy y amo mi vida*
- *Todas mis experiencias me dejan una enseñanza que me ayudan a crecer*
- *Agradezco todas las experiencias de mi vida*
- *Puedo levantarme fácilmente y levantar el ánimo cuando sea necesario*
- *Estoy en paz con todos mis seres queridos*
- *Me resulta fácil ser optimista*
- *Solo permito que los pensamientos positivos permanezcan en mi mente*
- *Mi mente es un imán para todas las cosas buenas*
- *Estoy agradecida de estar tan sana feliz y exitoso*
- *Nunca puedo fallar porque todo lo que sucede me ayuda a ser mejor*
- *Las semillas de mi grandeza yacen en mi mente*
- *Soy amor, salud y riqueza*
- *Soy decisiva confiada y tomo medidas*
- *En este momento estoy exactamente donde quiero estar*

- *Mejoro continuamente todas las áreas de mi vida*
- *La vida sigue mejorando*
- *Todos los días me acerco a mis metas y sueños*
- *Soy resistente, persistente y dedicada*
- *Puedo y lograré lo que sea que me proponga*
- *Soy feliz, saludable y rica*
- *La vida es un viaje increíblemente emocionante y hermoso*
- *La visión dentro de mí está creando el mundo que me rodea*
- *Estoy llena de energía positiva ilimitada*
- *Veo felicidad y éxito donde quiera que vaya*
- *Acepto con amor todas las situaciones de la vida*
- *Mis creencias determinan mi realidad y soy el maestro de mis creencias*
- *Decido seguir adelante*
- *Soy una fuerza para el cambio positivo*
- *Mis afirmaciones positivas de amor y éxito siempre funcionan*
- *Tengo el poder de crear mi vida como yo quiero*
- *Puedo mover montañas con mi mente*
- *Creo profundamente que puedo lograr cualquier cosa*
- *Sé lo que quiero y lo logro*
- *Soy fuerte, poderosa y confiada*
- *La vida es una gran aventura*
- *Hoy tomaré medidas para hacer realidad mis sueños*
- *Todo lo que pueda necesitar o desear ya está ahí esperando venir a mi*
- *Me siento renovada emocionada y decidida a sobresalir hoy*

- *puedo superar todo lo que se ponga en mi camino*
- *Estoy a cargo de mi vida*

Repite estas afirmaciones como mínimo 21 días seguidos. Sentirás el cambio.

La física nos ha demostrado que polos opuestos se atraen. Eso no es discutible. El narcisista, siendo un ser carente de empatía se siente atraído por las personas con esta característica ya que él carece de ella. Puede parecer que uno que tiene empatía y el otro que no la tiene se pueden complementar, pero nada más lejos de la realidad. El narcisista no es capaz de complementarse con nadie, así que esta relación está destinada al fracaso de cualquier forma.

La persona empática dispone de muy buena capacidad de comprensión. Esto no es malo si la persona empática es capaz de poner y mantener sus límites infranqueables. El problema aparece cuando el empático se despliega en exceso a resolver las necesidades del narcisista dejando las suyas de lado. Aquí es donde radica el principal problema a resolver.

Para evitar repetir con el mismo patrón de pareja, lo primero que debemos aprender es a valorarnos a nosotras mismas. Claro que, una persona que nunca se ha valorado a sí misma, que siempre ha valorado a los demás por encima suyo dirá. "Muy bien, pero ¿eso cómo se hace?" ¿Qué significa valorarse a sí misma? ¿qué hay que hacer para valorarse a sí misma?".

La respuesta es: Quererte.

Tardé en entender eso de quererse. Para mí era muy complicado saber si me estaba queriendo o no. Hasta que un día, plateándome la opción de si quería o no volver con mi pareja (aunque él no había dado ningún indicio de querer volver, sólo era una posibilidad imaginaria en mi cabeza) me di cuenta del significado de quererse. Después de todo lo que había pasado con él, las mentiras, los engaños, las infidelidades, las manipulaciones y abusos, ¿yo, todavía me planteaba si quería volver? Eso es no quererse. Quererse a sí mismo, es: "**en este pozo no vuelvo a caer, aunque me torturen**", porque esa relación es una tortura. Entonces, ¿qué estoy pensando? Me quiero más de lo que quiero a esa persona. Y si me quiero más a mí, yo no vuelvo a caer en su manipulación ni en la de ningún otro.

Por eso, antes de comenzar a fijar un plan para salir de la montaña rusa del abandono, el primer punto de la planificación ha de ser enfocar el camino hacia tu propio amor. Imagínate que te colocas al principio de un pasadizo y que la meta es el final del túnel. Cuando te sitúas en la salida, tienes que ver al final la palabra AMOR POPIO, no perderla de vista durante toda la carrera y no parar hasta llegar a ella.

Por el camino iremos encontrando piedras de todo tipo, pero ya verás que encontrarás la manera de tratarlas a cada una como se merecen, para que no te impidan completar el trayecto con éxito.

Hasta aquí hemos aprendido dos buenas técnicas para avanzar hacia nuestro objetivo final. La primera es **cambiar nuestra mentalidad**. Salir de ese estado mental destructivo que te mantiene atrapada en el pasado rumiando en las cosas buenas que perdiste, sin prestar atención a las cosas malas que te estaban sucediendo.

Para poder cambiar tu mentalidad, lo primero que debes hacer es tomar la decisión de que realmente quieres cambiar tu mentalidad. De esta manera identificarás el problema. Para salir de ese estado mental puedes convencer a tu mente mediante la repetición de afirmaciones positivas.

El segundo método que hemos aprendido es el de **fijarnos el objetivo** de conseguir amarnos más que a nadie en este mundo y salvarnos a nosotros primero que a nadie. Tal como nos indican los auxiliares de vuelo con las instrucciones de seguridad de un avión, primero debemos colocarnos la mascarilla nosotros mismos antes de prestar ayuda a otra persona. Si no nos salvamos primero a nosotros, difícilmente podremos salvar a otros. Para marcarnos la meta a conseguir, debemos tener bien definido cuál es ese propósito. Sabemos que para conseguirlo debe producirse un cambio en nuestra vida. No es posible pretender que nuestra vida cambie si seguimos viviendo como siempre y haciendo lo mismo que siempre. Es por eso por lo que nuestra meta debe estar muy bien definida. Si nos marcamos la meta de conseguir la felicidad propia y una vida plena, para eso debemos cambiar la vida que llevamos en la relación tóxica y manipulada.

Toda ayuda es poca cuando de nuestro bienestar se trata. Uno de los apoyos más importantes para nuestra recuperación es contar con toda la información posible y con el apoyo correcto.

Por eso, quiero insistir que la **información** es poder. Durante el proceso de recuperación, podremos encontrarnos con obstáculos que ni siquiera habíamos imaginado. Contar con la información adecuada es un punto a tu favor para poder lidiar con las piedras del camino. Recibir una formación adecuada al tema específico que nos atañe, (narcisismo y recuperación) es vital para no cometer errores irreparables.

Como ya te he comentado, si no haces ningún cambio en tu vida, no puedes pretender tener un resultado diferente. Por eso, te insto a que adquieras **nuevas experiencias** que te permitan ver la vida desde otra perspectiva. Cuando una persona es rica en vivencias, mejora exponencialmente su capacidad para afrontar las situaciones cotidianas y resolver los conflictos de tal manera que no vuelva a repetirlos. Las experiencias nos llevan a entender mejor la vida. Dice Goleman (uno de los padres de la inteligencia emocional): "nuestra estructura cognitiva (inteligencia Emocional y Mental) puede modificarse por influencia de las experiencias". Las experiencias marcan nuestro desarrollo mental. Así como al narcisista le marcó sus experiencias infantiles, tú puedes crear nuevas experiencias que formen tu nueva personalidad, una persona nueva y renovada. Empieza por experiencias sencillas. Cosas que antes no eras capaz de hacer sola, sal y hazlas. No es necesario que te lances en paracaídas. Genera nuevas rutinas, aunque pueda resultar difícil enfréntate a tus miedos y limitaciones. Se trata de entrenar. Cuantas más experiencias vivas, más te abres a nuevas posibilidades.

En mi grupo de ayuda a la recuperación hay algunas personas que no confiaban en avanzar y no tenían fe en los grupos de apoyo para salir de los problemas. Sin embargo, gracias a la información que se mueve en nuestro grupo, todos vamos adquiriendo los conocimientos y las herramientas más útiles para nuestra lucha particular. Esto se genera gracias a rodearnos de gente que nos sirva de ejemplo. **Rodearnos de personas que piensan igual que nosotros** e intercambiar experiencias con ellos, nos va a ayudar a adquirir nuevas ideas y nuevos enfoques de la vida. Te invitamos a unirte a nuestro grupo de apoyo respaldado por personas con tus mismas experiencias.

Sobre todo, has de ser optimista en tu recorrido. Enfoca el cambio como un proceso, es un cambio que no sucede de la noche a la mañana, sino que va desarrollándose poco a poco hasta que un día notas que ya no necesitas a esa sustancia. El enfoque en el resultado es uno de los puntos que nos van a ayudar a salir adelante. Trata de visualizar tu vida libre de ataduras, libre de abusos, libre de manipulación y malos tratos. Visualízate libre y feliz.

CAPÍTULO 11

CAMINO HACIA EL ÉXITO

Los primeros pasos para conseguir el propósito

Ahora que ya conoces las características de los narcisistas, que ya sabes cómo actúan, como manipulan, cuáles son sus objetivos, el ciclo completo de abuso y las particularidades de sus víctimas, ya tienes la información necesaria para adivinar si estás en una relación con un narcisista o no.

Este es el momento en el que hay que tomar una decisión. Lo más sano es huir de una forma coherente no basarnos en la justicia ni en el sentido común, porque un narcisista carece de cualquiera de las dos. Igual que cualquier otra etapa del ciclo de abuso, este es uno de los más difíciles de afrontar. Tomar una decisión tan importante conlleva mucha responsabilidad y fortaleza. En primer lugar, porque hay que tomarla bajo la influencia de la dependencia emocional, porque en ese momento aún estás siendo manipulado. En segundo lugar, porque te invaden las dudas de la realidad, la culpabilidad, la responsabilidad afectiva, la disonancia cognitiva, además de muchos sentimientos y sensaciones que por un lado nos dicen que salgamos de ahí cuanto antes y, sin embargo, por otro, nos incitan a que aguantemos un poco más o intentemos algo nuevo a ver si le podemos hacer cambiar.

Incluso para romper la relación hay varios puntos para tener en cuenta. Antes de lanzarte a la aventura, piensa y planea muy bien todo lo que va a suceder a partir de este momento. Lo primero es tomarte un buen rato en escribir tus deseos para tu nueva vida. Coge lápiz y papel y plasma en él todo aquello que has deseado hacer, pero que con esa persona a tu lado no has podido. Anota el nombre de aquellas personas que has querido visitar pero que por miedo a tu pareja no lo has hecho, aquel viaje que siempre quisiste hacer, aquel lugar que siempre has querido visitar, ese curso que te llamaba mucho la atención pero que nunca pudiste porque tenías que cuidar a los niños. Cualquiera que sean tus deseos o tus inspiraciones. Sólo lo vas a ver tú, así que no tengas reparos en pedir lo que tú quieras, aunque te parezca un disparate, una tontería o una chiquillada. Regístralos en un papel. Ahora elige 3 de ellos que creas que puedas cumplir en el plazo de un año.

¿Ya lo tienes?

Ahora escribe, por cada uno de ellos, la razón por la que es necesario que se cumpla. Escribe los motivos por los que no puedes echarte atrás con tu decisión.

Te pongo un ejemplo:

Mis tres deseos (imaginarios) son: Viajar sola, montar en globo, salir en la tele.

Los motivos por los que es necesario que se cumplan son:

- *Tengo que viajar sola porque tengo que romper con mi inseguridad de que no puedo hacer cosas sola y un viaje considero que es algo que rompe totalmente con esa creencia.*
- *Tengo que montar en globo para liberarme del vértigo y el miedo a volar. Un viaje en un vehículo sin motor rompería con mis temores.*
- *Tengo que salir en la TV porque le prometí a mi hijo que un día me haría famosa y tengo que cumplirlo por él.*

Ahora necesito que escribas los motivos por los que no puedes quedarte en esa relación. No te dejes nada en el tintero. Haz memoria de todos aquellos momentos difíciles que pasaste. Si hubo agresión física, aquellos días de soledad, aquellas palabras sin respuestas, aquellas mentiras y engaños, aquellos anhelos y deseos no cumplidos, todo lo que tú sientas que te impide mantenerte ahí en ese vínculo.

Ahora que ya has escrito tus deseos y tus rechazos, guarda ese papel en un lugar donde puedas consultarlo cada vez que necesites reforzar tu difícil decisión.

Y ahora sí, vamos con los pasos importantes a seguir:

• **Ahora o nunca.** Romper una relación es muy complicado, sobre todo si es de muchos años y aún más, si ha sido con un narcisista. Aprovecha ese momento en el que te sientes poderosa y decidida, toma las riendas de tu vida y no mires atrás.

• **No pienses en dar otra oportunidad.** ¿Realmente estás dispuesto a perder más tiempo de tu vida con una persona que no te aporta, que no te quiere, sino que por el contrario te desgasta? Piensa que el narcisista, tarde o temprano te va a descartar. ¿Prefieres que sea ahora o más adelante? Si le das otra oportunidad, ¿crees que tu vida va a ser diferente a la que has llevado hasta ahora? De media, una persona puede tardar siete rupturas antes de dejar finalmente a un narcisista. Siete veces en las que se soportan mentiras, engaños, infidelidades, y otros muchos abusos psicológicos que ya hemos visto en capítulos anteriores. Recuerda que va a hacer uso de sus encantos de su teatro para convencer. No caigas en su trampa.

• **La lástima no te ayuda.** No te hagas responsable de sus heridas del pasado. Aunque conozcas los motivos por los que se ha convertido en narcisista y sientas empatía o compasión por él, no creas que lo vas a ayudar a cambiar. Nunca va a cambiar. Su vacío interior debe ser muy duro de llevar, pero no es tu carga, no es tu responsabilidad. Aísla de tu mente cualquier sentimiento de culpabilidad o de vergüenza.

• **Anticipación.** Si tienes la oportunidad de anticiparte al momento de la ruptura, hazlo. La reacción de un narcisista ante el abandono puede ser muy imprevisible. Intenta tener tus cosas preparadas si tienes que abandonar la vivienda. Sobre todo, aquellos elementos con los que te pueda localizar, investigar, fisgonear, etc. Si aún no vivís juntos, es más fácil. Intenta resolver tus cuestiones legales antes de romper, sobre todo cuando hay niños por medio.

Terminar una relación con un narcisista es un acto de valentía muy grande.

• **Calmar la ira.** Esta es una táctica de doble uso. Al tiempo que calmas tu enfado y contrariedad con la situación, puedes hacer que el estado de tu relación con el narcisista también se calme, si bien estás aún en la pareja o si bien, ya has decidido romperla. Tú calmas tu ansiedad, y por lo tanto tu actitud cambia hacia ti misma y hacia el resto.

• **Contacto Cero.** Esta es una acción con grandes resultados. El contacto Cero es una estrategia que implica, como bien indica la palabra, romper toda comunicación con esa persona. Esta táctica es complicada de llevar a cabo, porque cuando el narcisista descubre que quieres poner distancia de por medio, no te lo va a poner fácil. Es por eso por lo que, en la mayoría de las veces, el contacto cero debe ser total. Total, significa borrar su número de teléfono, bloquearle en todas las redes sociales, no ver sus estados, no dejarle ver los tuyos, no estar pendiente de si está o no en línea, no querer saber dónde ni con quién está.

En una ocasión, una buena amiga me dio un consejo que creo es de los mejores que he recibido en mi vida. Ese consejo fue: *"hazte a la idea de que te has quedado viuda. Piensa que, en vez de una ruptura, él se ha muerto"* Si llevas a fin el contacto cero, la sensación es tal como el consejo que me dio mi amiga.

Para que el contacto cero funcione, se debe llevar a cabo pase lo que pase. A veces, la otra persona no lo aceptará porque te sigue viendo como de su propiedad, pero no bajes la guardia, mantén el contacto cero hasta el final.

Esta estrategia no está pensada para castigar a la otra persona. Está ideada para quererte a ti misma, por lo tanto, cuando tomes la decisión de ponerla en práctica y te recomiendo que lo hagas, hazlo desde tu amor propio, no desde el rencor. Piensa que no estás haciendo daño al otro, sino que te estás protegiendo a ti misma.

• **Piedra gris.** Esta es una técnica utilizada para interactuar con personas manipuladoras, es decir, cuando no te queda más remedio que mantener el contacto con el narcisista. Por ejemplo, cuando hay hijos en común, porque trabajan juntos o cualquier otra situación en la que no es posible evitar el contacto. Mantenerse como una piedra gris, sin emitir ningún tipo de emoción en la interacción con personas con tendencia a crear conflicto, es una de las tácticas con mejores resultados. Esta técnica consiste en convertirte en la persona más aburrida del universo. No manifestar ningún tipo de emoción, ya sean verbales o físicas en las comunicaciones con esa persona. Lo ideal es utilizar respuestas cortas o monosílabos. "si", "no", "ok" o algún emoticono 👍 si la conversación es vía whatsapp. De esta forma, el narcisista no recibe el suministro a que está acostumbrado y que básicamente necesita de ti, así que se aburrirá y se irá a buscarlo a otro lado. Si el narcisista interactúa contigo y no puedes evitar responder, hazlo de la manera más neutra posible y sin emitir opiniones personales, ni gestos faciales, ni corporales. Lo más importante, es que entiendas que la estrategia de la piedra gris es una técnica que se usa para salir adelante, en ningún caso debe ser utilizada como una solución para mantenerte en la relación abusiva. Si estás en una situación de conflicto agresivo, por favor, no uses esta técnica por ti misma, siempre recurre a la ayuda de un psicoterapeuta. Recuerda, siempre que sea posible, el contacto cero es la herramienta ideal. La piedra gris, siempre que no sea posible el contacto cero.

PARTE IV
PLAN DE SANACIÓN

CAPÍTULO 12

MIRÁNDOTE HACIA DENTRO

Como definición, la sanación emocional es el proceso psicológico de admitir, aceptar e integrar las experiencias y emociones dolorosas o traumáticas.

En nuestras vidas seguramente nos hemos encontrado más de una ocasión en momentos parecidos al que estamos sufriendo ahora. Esa situación es semejante a viajar en un barco a la deriva, sin rumbo concreto. Pero como somos personas resilientes, sacamos todos nuestros recursos para dirigir esos momentos de vulnerabilidad y sufrimiento, a buen puerto.

Las adversidades se presentan de una forma diferente en cada ocasión y para cada persona. Hay a quienes le cuesta más levantarse y hay quienes dan un brinco y salen caminando como si nada hubiera pasado.

Las heridas emocionales son esas que nadie ve, sin embargo, son las que dañan más profundamente. La represión emocional es aquella en la que la persona herida contiene sus emociones para quitar importancia al dolor. Con esta represión, lo que la persona agraviada consigue es solamente acumular un trauma por falta de superación.

El proceso hacia la curación emocional es complejo, largo y doloroso. Este reto, por lo general lleno de pensamientos negativos, culpa o remordimientos dificultan la evolución de la recuperación, pero es un procedimiento que se ha de llevar siguiendo los pasos uno a uno. En cada escalón su acción. Este proceso requiere de un buen ejercicio de transformación positiva. En esa tarea es en la que te quiero ayudar con estas líneas. La recuperación positiva de ti misma es la mejor resiliencia para salir de tu manipulación narcisista.

Para empezar, tienes que dejar de culparte por lo ocurrido. Ya sabemos que las personas que sufren del TNP, han provocado miles de situaciones para hacer que nuestras alarmas salten y nuestra ira también. Así que, si te sientes culpable de tu comportamiento inadecuado, deja eso atrás, poque solamente fue el resultado de una provocación del narcisista para conseguir que tu ira explotase y así lograr su suministro.

Aunque sientas que puedes llevar el proceso tú sola, un apoyo psicológico siempre va a ser una gran contribución a la causa. Un programa de ayuda con tu psicoterapeuta te brindará el amparo necesario para estos momentos en los que se recomienda sentirse comprendido y contar con figuras externas al entorno con quien poder hablar y expresar tus sentimientos sin represión.

En mi recuperación tuve la suerte de contar en todo momento con Micaela. Gracias Micaela por estar siempre ahí. Con ella tuve días de rabia, de risas, de llanto, de emoción, de cantarme las cuarenta, pero sobre todo de apoyo neutral y mucho aprendizaje. ¡Pon una Micaela en tu vida!

El problema es que, si hemos llegado a esta situación, es porque hemos sido capaces de ponernos en el lugar de otros, de compadecer a otros, de socorrer a otros, pero no somos capaces de hacer eso con nosotras mismas. Tenemos que dejar de juzgarnos y sobre todo de auto culparnos. El "por qué a mí", no nos resuelve el problema. Yo te lo respondo: ¿Por qué a ti? Porque eres una persona inteligente, enigmática, empática, complaciente, reluciente, maravillosa y genial. Si no fueras todo eso y más, el narcisista pasaría por ti, como un perro por uvas. Por eso ahora toca levantarse, porque además de todo lo anteriormente comentado, también eres resiliente.

La sanación emocional nos impulsa a mirar hacia nuestro interior. Yo siempre he oído que lo mejor de estar en el fondo es que solamente queda un camino, y es hacia arriba. Por eso, esta vez no te vas a equivocar de ruta, porque sólo hay una. Esto no quiere decir que el camino sea llano y liso, no. Todo lo contrario. El camino a la sanación siempre es pedregoso, pantanoso, hay avances y retrocesos. No te asustes, si sabes que eso es lo normal, cuando te pase ya tendrás claro que cuando la noria baja le toca volver a subir. Sólo tienes que esperar.

Vamos a empezar por hacer un nuevo molde de nosotros mismos. Hasta ahora hemos sido esa persona que los demás han querido que fuéramos. Pero ahora nos vamos a convertir en la persona que queremos ser. Nos vamos a rediseñar. Para ello tenemos que inundarnos de tranquilidad, eliminar la crítica de nuestro pensamiento y de nuestro diálogo, obligar a nuestra mente a tener pensamientos positivos, si es necesario corregirla continuamente hasta que se adapte.

El amor es sumamente importante en esta etapa de recuperación. No podemos amar a nadie si no nos amamos a nosotros mismos primero. Por eso, nos vamos a abrazar todos los días, nos vamos a mirar al espejo y nos vamos a querer como nadie antes nos ha querido. Con el transcurso de los días, vas a notar el cambio en ti sólo dándote amor a ti misma. Si nos amamos y nos dejamos amar nuestras emociones mejoran. Nos sentimos más felices y experimentamos la vida con mayor significado.

La mente es la dueña de nuestra alma. Si somos capaces de dominar nuestros pensamientos, somos capaces de dominar el mundo. Franklin D. Roosevelt dijo: "Los hombres no son prisioneros del destino, sino prisioneros de su propia mente".

En este momento, lo que toca realmente es centrarse en el deseo. Enfocarnos en nuestro propio deseo facilita el camino para llegar hasta él. Pero antes que comenzar el camino, debemos tener bien claro hacia dónde nos dirigimos.

Supongamos que decides avanzar y salir de donde estás ahora y te pones en marca de inmediato. Sería un muy buen comienzo, por supuesto. Sales, pones en marcha el motor de tu vida y conduces hacia tu libertad. Pero ¿hacia qué dirección está la libertad? ¿Hacia dónde?, ¿hacia qué destino? para conocer la respuesta a estas preguntas, antes que nada, empezaremos por preguntarnos ¿qué cambios te gustaría hacer en tu vida? ¿cómo quieres verte? ¿cómo te imaginas en el futuro? Comenzar algo nuevo en la vida siempre da miedo, incluso aunque deseemos que esos cambios se produzcan. Para poder lograr los objetivos que te propongas, primero debes reconocer que ese cambio es importante para tu vida futura. Así que vamos a hacer un ejercicio para enfocar la transformación hacia nuestros deseos. Hazlo ahora.

Coge papel y lápiz y anota 10 cosas que te gustaría cambiar en tu vida. No sigas leyendo. Ve y hazlo ahora. Si lo dejas para después, sabes que no lo harás.

¿Ya lo tienes? Ahora escribe 10 razones por las que quieres hacer ese cambio, es decir, 10 por qué. Vamos es un ejercicio que te va a ayudar en tu camino hacia la libertad emocional.

Muy bien. Ahora, escribe el significado que cada una de esas razones da a tu vida. Tómate tu tiempo para pensarlo bien plásmalo en tu hoja de papel.

¿Cómo de diferente te sentirías al hacer esos cambios? Puedes imaginártelo. Cierra los ojos y visualiza tu vida sintiéndote con los cambios ya producidos. ¿Cómo te ves? Escríbelo también.

Por último, escribe ¿qué pasa si no haces esos cambios en tu vida? ¿cómo sería tu futuro si no cambias tu vida?

Ahora ya tienes reflejado el por qué sí, el para qué, el significado de ese para qué, el sentir de ese por qué sí y también el por qué no.

Utiliza este papel en el que has escrito para recordar, siempre que lo necesites, todos los motivos para hacer estos cambios y todos los resultados que vas a obtener llevándolos a cabo.

CAPÍTULO 13
CUERPO Y MENTE

La conexión de cuerpo y mente son sumamente importantes para el desarrollo humano. Ninguno de ellos podrá funcionar sin que el otro esté en plenas facultades. El estrés, producto de nuestra mente, es un motivo de enfermedad física de nuestro cuerpo.

A menudo pensamos que nuestra salud se encuentra solamente en el estado físico y nos matamos a hacer ejercicio sin percatarnos de que nuestra mente forma una pieza muy importante en el engranaje del bienestar general.

En el capítulo anterior tuvimos el primer contacto con nuestro "yo" interior y en este capítulo lo vamos a desarrollar en conjunto con nuestro estado físico. Así que no te vayas acomodando porque nos vamos a mover.

Las endorfinas son analgésicos naturales que elabora nuestro cerebro y que nos produce bienestar. Es decir, que cuantas más elaboremos, más bienestar tenemos. Y ¿cómo las produce nuestro cerebro? riendo, bailando, escuchando música, leyendo, meditando, realizando rutinas de ejercicio. ¡Pues hala!, a disfrutar. Ya tenemos por dónde empezar para mejorar nuestro estado de duelo y depresión. Hagámonos una rutina diaria para nuestra propia fabricación de endorfinas y por lo tanto de nuestro bienestar.

Importante. Si no te ves con fuerzas para realizar estos ejercicios, no te presiones. Si aún día necesitas quedarte quieta y llorar, hazlo, si aún necesitas aislamiento y soledad, hazlo. Cualquier cosa que vayas a hacer, siempre debe ser acorde con tu estado emocional del momento. Más adelante seguro que te encontrarás con más ánimo para comenzar las rutinas de recuperación.

Para aquí la lectura. Coge otra vez papel y lápiz. Vamos a construir nuestra rutina de la felicidad. Hazte un horario como el del cole. Con días y horas. Sábados y domingos puedes cambiar la rutina.

Marca la misma hora para levantarte a diario. Calcula cuál debería de ser tu hora para ponerte en pie, teniendo en cuenta el tiempo que necesitas para terminar tus tareas antes de salir de casa. El ejercicio físico es recomendable hacerlo por la mañana al levantarse. Con media hora es suficiente. Luego una buena ducha terminándola con 10 segundos de agua fría. Por supuesto hacer la cama a diario y tomar un desayuno saludable. Si el ejercicio no se puede hacer por la mañana no importa si se hace por la tarde. El resto del día también debemos alimentarnos con productos nutritivos.

Además de las endorfinas, también hay otros tres neurotransmisores que van a ser nuestros aliados para ayudar a la recuperación emocional si sabemos cómo multiplicarlos en nuestro organismo. Son la serotonina, la dopamina y la oxitocina

Cuando nuestro organismo nota la falta de serotonina, podemos experimentar sensación de desánimo o insomnio. Un buen remedio para aumentar los niveles de serotonina en nuestro cuerpo sería pasar tiempo bajo el sol o lugares con mucha luz y realizando ejercicio físico.

El responsable de esos momentos de explosión de alegría cuando alcanzamos nuestros objetivos o el éxito es la dopamina. Es otro de los neurotransmisores que producen sensación placentera. Y aquí viene lo mejor. La dopamina se produce al consumir alimentos como el chocolate, almendras, lácteos entre otros.

Y llegamos a la oxitocina, que, las que hemos tenido hijos ya la conocemos un poco. Pero, lo que seguro desconocías es que uno de los consejos para mantener los niveles óptimos de oxitocina es eliminar de tu vida las relaciones tóxicas.

Otro punto a tener en cuenta es el de favorecer la eliminación de nuestros pensamientos negativos de la mente. Para eso podemos recurrir a la meditación. En los buscadores de internet dispones de muchas meditaciones guiadas que te acompañarán para relajar mente y alma. Mis favoritas son las de Joe Dispenza.

A mí me ha funcionado hacer una "meditación para el agradecimiento" por la mañana antes de levantarme de la cama y otra "meditación para la relajación" por la noche justo antes de dormir. Pero tú puedes elegir la que más se adapte a ti. Las puedes encontrar para la autoestima, para la relajación, para dormir bien, para soltar preocupaciones, hay muchas. También puedes encontrarlas en podcasts.

Lo importante es cumplir todos los días las tareas marcadas en el horario.

Para retribuir nuestro buen hacer, vamos a ponernos un premio semanal por cumplir con todos los objetivos. Puedes determinar cuál es tu premio antes de empezar la semana. La recompensa puede ser de cualquier tipo. (que no vaya a ser un atracón). Podría ser salir de compras, una comida especial, algún deporte de riesgo, un pequeño viaje o escapada, disfrutar de la familia o amistades, cualquier cosa que para ti suponga una gratificación extraordinaria. Sé que vas a ser honesta y vas a gratificarte sólo si has cumplido con todos los objetivos semanales.

En este horario hay que guardar siempre un huequecito por cada día y hora para recordarnos mantener el contacto cero o piedra gris, para aquellos que sus circunstancias no le permiten el contacto cero. Esta parte es muy importante.

Ahora tengo que advertirte de algo. Cuando sigues este plan de recuperación de tu relación tóxica, vas a experimentar muchos cambios positivos convirtiéndote en una persona más valiente, más autónoma, más feliz y más divina que nunca. Esto es todo fantástico y maravilloso, pero al narcisista no le va a gustar ni un pelo porque, aparte de haberle ignorado, se percata de que tú estás logrando salir adelante por ti misma, que ya no sientes el apego de antes y te estás escapando de sus redes de manipulación. Entonces podría entrar en colapso, intentar atraparte de nuevo o podría intentar tomar venganza. Piensa que tu actitud le está haciendo florecer algunos de sus miedos, como por ejemplo el miedo a ser descubierto, que le genera la desconfianza de que le descubras ante el entorno en el que él ha creado un personaje de ficción. Mantener contacto cero en este punto sigue siendo de vital importancia. Romperlo ahora supondría volver otra vez al inicio de la carrera y reiniciar de nuevo todo el recorrido. Sería como desdibujar todo el esfuerzo empleado en salir adelante.

Entonces, vamos a mantenernos firmes en nuestro objetivo y vamos a comenzar con las tareas marcadas en nuestros horarios.

CAPÍTULO 14

TU ESENCIA Y TU PASADO

En los momentos difíciles de nuestra vida, es cuando sentimos la necesidad de ordenar pensamientos, y sentimientos. Vivimos tan a prisa, que nuestro enfoque en el futuro hace que perdamos la percepción de lo que estamos viviendo actualmente en el presente y, por lo tanto, dejamos de disfrutarlo. Cuando creemos haber llegado a ese futuro ansiado, y volvemos la vista atrás descubrimos que hemos atravesado los años de puntillas, sin habernos percatado de las experiencias maravillosas que había a su paso. Pero no todas las vivencias del pasado fueron tan maravillosas, también las hubo traumáticas. Y, de la misma manera pasamos por ellas tan deprisa que no fuimos capaces de asimilarlas ni trascenderlas. Entonces, nuestra vida se fue construyendo con heridas que nunca sanamos, porque en ocasiones ni siquiera nos dimos cuenta de que estábamos siendo dañados. Las cicatrices de aquellas heridas del pasado se reflejan en nuestra identidad en edad adulta. Algunas secuelas de la niñez han impedido que nuestra autoestima crezca sana y fuerte. Otras nos han implantado miedo al abandono, al rechazo, a la soledad, muchas inseguridades, pero no todo lo que esas heridas han dejado son cosas malas. Esas lesiones han hecho de nosotros personas más empáticas, condescendientes o compasivas. Todas esas magníficas cualidades de los seres humanos, que para otros son objeto de explotación y aprovechamiento.

¿Qué le dirías a tu "yo" de la infancia para mejorar tu "yo" del presente? ¿Qué consejos darías a tu "yo" del futuro?

Te propongo un ejercicio que te ayudará a mejorar tus heridas de la infancia. Este ejercicio consiste en escribirte una carta a tu "yo" del pasado. En ella puedes pedir perdón por todo aquello de lo que te arrepientas, por aquello que creas que hiciste mal o simplemente dejaste de hacer, por todas aquellas ilusiones o sueños a los que renunciaste, por todos aquellos momentos en los que te maltrataste o permitiste que otro lo hiciera. Perdónate todo lo que consideres que deba ser mencionado. Aprovecha esta carta para dar gracias por tus esfuerzos y metas conseguidas, da gracias a todo el amor que diste y te permitiste recibir, agradece todos los bienes materiales que lograste con tu trabajo, agradece esos hijos maravillosos que has criado como madre coraje. Agradece todo lo que consideres que sea mencionado. Cuéntale a tu "yo" del pasado cómo has recorrido el camino de tu vida hasta el presente. Cuéntale todas tus derrotas y victorias del recorrido. Y enséñale cómo supiste levantarte cada vez que caíste. Muéstrale a tu "yo" de la infancia en qué punto estás ahora mismo. Dale los consejos que consideres para forjar tu autoestima y fortaleza, enséñale a navegar la travesía de tu vida. Enséñale a creer en ti, en sí misma y dale confianza para avanzar sin temor al futuro, porque en el futuro estarás esperándola para abrazarla como nadie nunca lo ha hecho, para quererla como nadie se ha atrevido, para aceptarla con todas sus virtudes y defectos.

Haz este ejercicio ahora.

Si ya has escrito la carta a tu "yo" de la infancia, ahora te propongo que escribas el legado a tu "yo" del futuro.

Esta es la carta que una de mis alumnas me permitió publicar.

Querida Lucy
Hoy es 18 de agosto de 2022 y te escribo desde Ciudad de Chile quiero contarte que aún vivo en aquella casita en la que creciste, en la que jugaste y en la que soñaste tantas cosas. No pude conseguir aquellos grandes sueños que tanto anhelabas, pero conseguí otros. Ahora mismo no estoy en el mejor momento de nuestra vida, pero tu ya sabes que conseguimos salir de aquello. Fue duro, ¿verdad? Pero lo conseguimos, ya lo sabes.

Estoy haciéndome más fuerte y digna de nosotras. Estoy trabajando con mucha constancia para conseguirlo. Me he propuesto el objetivo de convertirme en una mujer de éxito. Espero que ya lo seamos.

Sé que ésta no es la última crisis que vamos a pasar, pero confío en salir reforzada de la actual, para que las próximas puedas superarlas sin muchos inconvenientes.

Estoy llevando a cabo el trabajo de dejar en este presente muchas de nuestras cargas emocionales para que en el futuro tu camino lo hagas con una mochila más ligera.

Prometo no dejar de luchar hasta conseguir que seamos esa persona que siempre quisimos ser, prometo llegar hasta ti renovada, con la fuerza suficiente para afrontar las desavenencias del camino hasta el futuro. Prometo quererme y cuidarme para que disfrutes de una buena salud física y psicológica. Prometo levantarme cada vez que caiga, prometo mejorar cada día, prometo aprender para hacerte más inteligente, prometo vivir muchas experiencias para hacerte más sabia, prometo trabajar duro para conseguir aquello que nadie nos va a regalar.

Nos veremos más adelante para celebrar nuestros logros. Cuídate. Te quiero mucho.

Ahora te toca a ti. Escribe el mensaje que quieres transmitir a tu "yo" del futuro, muéstrale cuáles son tus planes y cómo quieres ser el día de mañana, dónde quieres estar, quien quieres que te acompañe... despliega tus anhelos.

CAPÍTULO 15

LA VENGANZA

Y, cuando parecía que el resto de este libro iba a tratar de la recuperación de la víctima, volvemos otra vez a remover aspectos característicos del TNP.

El miedo de cada persona es el rasante por el que se mide el nivel de amenaza que percibe un individuo. Cuando nos sentimos en peligro, nuestros sistemas de defensa se activan para protegernos de cualquier amenaza. Es un mecanismo de subsistencia que nos mantiene alerta ante cualquier posible ataque externo. Se activa siempre que exista un motivo concreto, aunque no siempre este motivo tiene por qué ser real. Por ejemplo, podemos tener miedo a los bichos y por eso sellamos nuestras puertas y ventanas con mosquiteras, podemos tener miedo a los alienígenas y por eso observamos continuamente al cielo evitando algún ataque, miedo al abandono, miedo al ridículo, miedo a la oscuridad, miedo a.... podríamos estar así días enteros enumerando los infinitos miedos que atemorizan a las personas.

En ocasiones nos sentimos atacados por el comportamiento de otras personas, si éste afecta a nuestros miedos de forma directa. Pero, por lo general, no respondemos con violencia ni con agresión psicológica. Sin embargo, el narcisista cuando se siente amenazado replica con agresión física y sobre todo psicológica. El odio del narcisista no siempre está vinculado a lo que realmente está pasando. Puede reproducirse por algún motivo producto de su imaginación.

El sentido del ridículo o menos precio a su persona es uno de los motivos por los que un narcisista puede explotar en ira. Ya sabemos que son seres grandiosos y que siempre quieren sobresalir y estar por encima de los demás.

Algunas de las expresiones de ira de los narcisistas suelen ser levantar la voz por encima de los demás para hacerse notar y marcar autoridad, golpear puertas, paredes o muebles para generar miedo a quien consideran en ese momento su enemigo; a esta expresión le llamamos rabia explosiva, además, también podrían hacer uso de un comportamiento pasivo agresivo manifestando sus sentimientos negativos de forma encubierta en vez de expresarlas abiertamente; a este modelo le llamamos rabia pasiva. Este último es muy común en el narcisista perverso y se puede representar con una conducta cínica.

La rabia narcisista es la expresión por medio de la cual el narcisista refleja su enfado a consecuencia de la más insignificante provocación. El bajo umbral de autoestima de un narcisista le genera mucha excitabilidad a la hora de sentirse ofendido por lo más mínimo. Hagas lo que hagas, le harás enfadar porque su enfado es interior, el narcisista vive en modo de venganza perpetuo.

La ira del narcisista no es más que la frustración de saber que en el fondo no tiene ningún valor, aunque hace todo lo posible por aparentar que es mejor que nadie. Aquel que se atreva a contradecir o descubrir este gran secreto, es el objetivo sobre el cual recaerá el estallido de cólera del narciso. El mensaje subyacente que se esconde tras la reacción violenta o pasivo-agresiva de un narcisista corresponde con su ya evidente fragilidad.

La venganza del narcisista se percibe durante el proceso del contacto cero y se refleja como una mezcla entre difamación y escarmiento.

Cuando el narcisista percibe que tras el contacto cero, te escapas a sus garras, empieza a sentir odio hacia ti porque:

Puedes destapar su verdadera cara ante los demás.

Dejas de proporcionarle el suministro al que estaba acostumbrado.

Pierde el control sobre tu vida.

La persona perversa narcisista vive con la idea de hacer daño a los demás y destruirlas, y para ello, urde un plan de modo sigiloso.

Las personas empáticas, por el contrario, viven auto cuestionándose y buscando continuamente una mejora de su ser "su yo" interior.

El narcisista, al ser completamente ignorante de lo que sucede en su interior, porque ni siquiera le interesa, odia cualidades de su víctima que él no tiene ni puede conseguir jamás.

Odia a las personas por peculiaridades simples como:

- Personas felices
- Personas enamoradas
- Personas auto realizadas
- Personas construyendo su propio camino

- Personas de éxito
- Personas en evolución

Y este es tu caso cuando aplicas contacto cero. Eres una persona en evolución, por lo tanto, una persona non grata para el narcisista. Cuando se sienten rechazados, como es el caso del contacto cero, pueden llegar a ser aterradores y vengativos con esa persona a quien consideran culpable, así que prepárate para recibir de su parte todo tipo de amenazas continuas, deshonra de tu reputación laboral y personal, querrán arruinar tu nueva relación, demandarte por la custodia de los hijos, y cualquier otra cosa que suponga tu destrucción total. Entonces es cuando realmente vas a encontrar al narcisista en modo odio. Alberga tanta rabia en su interior que no se aguanta a sí mismo.

Sándor Márai (periodista y escritor húngaro) dijo: ***"Nunca son tan peligrosos los hombres, como cuando se vengan de los crímenes que ellos han cometido".***

Justamente el caso de nuestra amiga Sandra:

"tras el descarte de mi pareja, Daniel, sufrí mucho y me resultaba muy difícil recuperar mi estado de equilibrio. Después de pasar varios meses de duelo, de llantos, cuestiones, el por qué, el qué hice mal, todo fue culpa mía, puedo intentar arreglarlo, miles de preguntas y miles de tornados en mi cabeza día a día 24/7, llegué a un remanso de paz. Para mí fue muy importante encontrar esta comunidad con la que compartir todo lo que me ocurría, un grupo de apoyo que estaba sufriendo o había sufrido iguales experiencias que las mías y habían salido adelante gracias al amparo del colectivo. Un camino arduo y duro, pero llegué a tomar la decisión de aplicar contacto cero. Cuando yo creía que ya había pasado lo peor, fue cuando volvió a arremeter contra mí con la más cruel de las furias. Con su gesto impasible, a veces sonriente, me aplicó su venganza perversa. Me difamó ante todos los compañeros de la oficina. Los manipuló para trabajar en mi contra, perdí mi puesto de trabajo y mi sustento. Se aprovechó de mi falta de ingresos para reclamar la custodia de mi hijo. Quiso destruirme por completo. Nunca imaginé que fuera tan desalmado y nunca imaginé que hubiera un método para salir de aquel pozo".

Sandra es una de tantas personas que han sufrido la implacable venganza de un narcisista dolido en su ego. Gracias a la comunidad de ayuda a víctimas de abuso narcisista "LA COMUNIDAD DE LAS MUJERES PODEROSAS" que hemos formado, salió adelante siguiendo los métodos que yo misma apliqué en mi recuperación y que te invito a seguir para tu completa sanación.

Para algunos narcisistas, la custodia de los hijos les supondría una molestia para sus vidas airosas. Por eso, prefieren la opción de manipularlos en contra de sus madres para transmitir su odio a través de ese vínculo que les une.

Según Betancourt y Andrade: ***"el control psicológico, tanto materno como paterno, tiene un importante impacto en la presencia de problemas emocionales y de conducta de los hijos adolescentes".***

El narcisista utiliza sus tácticas de manipulación con los niños. De la misma forma que ejerce abuso sobre su madre, también lo hace con los hijos, a menudo utilizando las mismas tácticas y otras adaptadas a los niños. Aquí algunas de las técnicas de manipulación que utilizan para enfrentar a los hijos contra las madres.

- Consienten todos sus deseos.
- Les inundan de regalos costosos.
- Les hacen cómplices de secretos (actividades prohibidas que hacen juntos de las que la madre no se puede enterar)
- Hablan mal de la madre de forma sutil.
- Culpa a la madre de la separación.
- Se postula como víctima de las fechorías de la madre durante el matrimonio.
- Se salta los límites que la madre pone en la educación del hijo.
- Les adulan hasta por lo que hacen mal.
- Les hacen promesas y llegado el momento no las cumplen (este método funciona como el refuerzo intermitente. Mantienen al menor a la expectativa de cuándo va a recibir el premio, dependiente del narcisista)
- Le miente. Inventa mentiras cuando no quiere prestarle atención.
- Le ridiculizan. (por ejemplo, si son cariñosos y dan nuestras de cariño. Les ridiculizan para que no se dejen querer por su madre)
- Les culpabilizan de sus responsabilidades.
- Crean competencia entre hermanos.

Son muchas las tácticas abusivas con los hijos sólo con el fin de dañar a la madre.

Los hijos por su parte tratan de agradar a la persona más tóxica para que les lastime menos. Las madres pueden notar que el comportamiento de sus hijos hacia ellas cambia cuando los niños pasan días con su padre.

El control psicológico de un padre o madre narcisista se ejerce en forma de manipulación. Para esta afirmación, nos apoyamos en las palabras de Valerie Sinason que dice:" ***El control mental se basa en mentiras y manipulación de las necesidades de apego***"

La necesidad de los hijos de ser reconocidos y queridos por su padre les crea el apego dependiente y los lleva a buscar la validación de su progenitor.

El padre por lo general utiliza a su hijo como demostración social de buen padre y mejor persona, siempre desde la manipulación. De cara a la galería, cuando sabe que puede ser visto por gente de su entorno o gente con quien necesite aparentar, el padre narcisista se comportará como el mejor padre de todos los tiempos. Dedicará tiempo efectivo a sus hijos en juegos, atenciones y buena educación. Sin embargo, al llegar a casa donde no puede ser descubierto, menosprecia la dedicación a sus hijos prestando atención únicamente a aquello que es de su propio interés. Este abuso automatizado que los padres narcisistas aplican a sus hijos es el mismo que emplean para manejar a sus parejas con el refuerzo intermitente. Desestabilizan la mente de los niños creándoles la esperanza de volver a vivir aquel momento cumbre de felicidad que rara vez llega.

Por lo general, no nos gusta identificar a las personas ni a los comportamientos con un nombre concreto, pero en algunas ocasiones es necesario ponerles su propio nombre y apellido. Estamos hablando de **alienación parental.**

La alienación parental es aquella que se ejerce sobre los menores para hacer daño a su madre. Ese es el objetivo principal de esta táctica maligna que utiliza el abusador manipulando a los menores para crear miedo y maltrato psicológico a la madre con amenazas enfocadas a la pérdida de custodia de los hijos, o que los hijos odien a sus madres.

Según se aprueba en la Estrategia Nacional para la Erradicación de violencia de género (2013-2016), los menores pueden ser utilizados como instrumento de violencia y dominio sobre la mujer, y su exposición coadyuva a perpetuar la transmisión intergeneracional de violencia. Lo que viene a significar, que la manipulación ejercida sobre los hijos para provocar el dominio sobre sus madres está reconocida como violencia de género.

¿Cómo podemos identificar la alienación parental vicaria? El agresor aprovecha los momentos de intimidad con sus hijos para insultar, vejar o mentir sobre la madre. Lo importante es estar atentos a la vuelta de los hijos cuando pasan días a solas con su padre. Vigilar si hay cambios de humor, que estén más agresivos o irritables. Es importante contar con un profesional para que te ayude con el tratamiento de este problema. La alienación parental está considerada como una forma de maltrato infantil.

PARTE V

EL RENACER

CAPÍTULO 16

CULTIVANDO TU AUTOESTIMA

El trabajo de recuperarte de una relación con un narcisista es muy duro. A menudo se produce un desgaste mental y psicológico tan fuerte que parece que nunca va a acabar. No dejes que te asuste la presión y sobre todo no decaigas.

Natalia, es madre de dos niñas de 5 y 7 años. Cuando se separó de su pareja narcisista empezó su peor tortura. Cada día de su relación había sufrido el abuso sutil y silencioso de su pareja, pero ahora que se habían separado, la cosa en vez de mejorar fue a peor. El narciso no paraba de increparla con cosas que sabía que la molestaban y sacaban lo peor de ella. Para más inri, cada vez que las niñas salían de casa para pasar unos días con su padre, Natalia sufría. La incertidumbre de si estaban bien o no, la desazón de con qué las estará manipulando, el daño psicológico que le estará generando a esas niñas, la actitud deplorable con la que regresaban a casa, protestonas, consentidas, un verdadero caos. Pero estaba atada de pies y manos. ¿Qué podía hacer? No podía demostrar nada, nadie le creería a no ser que fuera un psicoterapeuta. Su psicólogo sabía muy bien por lo que estaba pasando, pero no podía llevárselo a su trabajo, o a su entorno de amigos, o a su familia para que les explicara qué es lo que ocurría, porque, entre otras cosas, tampoco le creerían a él. Un verdadero infierno. El narciso viéndose en su última fase de abuso con Natalia, sabiendo que estaba a punto de perder su suministro porque Natalia hacía tiempo que estaba en modo "piedra gris" y estaba bastante recuperada, entró en colapso y arremetió contra ella sin piedad. Su objetivo de verla completamente destruida había empezado con fuerza y Natalia se tambaleó emocionalmente. La manipulación que ejercía sobre las niñas era cada vez más fuerte, sus hijas cada vez más perdían el norte, sufrían, sin ser conscientes, la maldad psicológica de su padre, cada vez estaban más expuestas a convertirse en mujeres narcisistas el día de mañana y eso hacía sufrir a Natalia lo más grande. Pero no podía hacer nada, no podía demostrar nada, el padre de sus hijas, ante la sociedad, era una bellísima persona, amable y cordial y con las niñas era un padrazo. En su trabajo le conocían como el bonachón. ¿Cómo iba a explicar Natalia que aquel hombre que nunca había levantado la voz, que nunca se había puesto en contra de nadie, que siempre se mantenía al margen de todos los problemas, que siempre hacía bromas, era un psicópata integrado?

Natalia estaba en un gran problema. Porque aquel señor estaba haciendo todo lo posible para que ella perdiera su trabajo, se quedara en la calle y sin sustento. El narcisista tenía muy claro cuál era el principal miedo de Natalia porque ésta misma se lo había dicho en su proceso de separación. Ella le dijo que lo único que quería era no quedarse sin trabajo. Y eso fue precisamente lo que éste utilizó para dañarla.

En fin, que los narcisistas perversos, que son a los que no se les nota lo malignos que son, siempre cuentan con recursos para destruir a sus víctimas. ¿por qué? Porque sencillamente llevan mucho tiempo planeando esta destrucción. Cuando el narcisista te descarta, éste ya ha urdido un plan de destrucción y tiene organizado todo el proceso de deterioro y posterior devastación de su víctima.

¿Cuál fue la ayuda que recibió Natalia del grupo?

Tuvo que ponerse a reforzar su autoestima a pasos agigantados. No había tiempo que perder. Tenía que hacerse fuerte para que toda aquella tropa de "trepas" no pudieran tumbarla. Y así lo hizo. En nuestra comunidad encontró el apoyo necesario para reforzar aquellas debilidades que ella misma sentía que tenía que mejorar.

Lo principal es saber qué es aquello que necesitas con más urgencia. En este caso, su autoestima era lo principal a reforzar. Pero Natalia ¿tenía bien claro lo que era la autoestima? Es una palabra muy utilizada coloquialmente, pero ¿sabemos realmente lo que estamos diciendo cuando la utilizamos?

La autoestima, a grosso modo, podemos definirla como el sentimiento que una persona tiene de sí misma. Podemos tener una autoestima alta cuando en nuestra valoración nos sobran adjetivos positivos o una autoestima baja cuando nos valoramos en negativo. Esta visión de nosotros mismos la vamos obteniendo a lo largo de nuestra vida, en base a las experiencias vividas, sentimientos o emociones.

Para hacer una valoración completa de nuestra autoestima, debemos tener en cuenta los siguientes aspectos:

- **La autoimagen:** La imagen que percibimos de nosotros mismos al vernos reflejados en un espejo. Nos podemos sentir guapos o feos dependiendo del listón que nuestras experiencias, sentimientos o emociones nos hayan implantado.

- **El autoconcepto:** Se trata de la manera en la que valoramos todos nuestros atributos, nuestros logros e incluso el cómo nos tratamos. Es decir, nuestra idea de cómo somos física y psicológicamente.

Entonces, podemos decir que la autoestima es la suma de la autoimagen y el autoconcepto.

Tener una autoestima adecuada es primordial para contar con buena salud psicológica que nos ayude a afrontar la vida y salir de cualquier reto o inconveniente sin que éste nos perturbe. La autoestima no depende de lo que tienes ni de los conocimientos que has aprendido, tampoco de cómo te comportas con los demás. Siempre va a depender de cómo te aceptas a ti mismo.

Volviendo al ejemplo de Natalia, reforzando su autoestima podrá afrontar los embates de ira de su expareja de la manera más asertiva posible, con calma y tranquilidad.

La baja autoestima de Natalia la había forzado a encerrarse en casa por miedo a no encajar con la sociedad. Su falta de seguridad en sí misma la fue haciendo cada vez más pequeña e indefensa frente a su manipulador. Pero ahora la situación era diferente y estaba dispuesta a luchar hasta el final para conseguir liberarse del todo de aquella vida en de mentiras, engaños, abuso psicológico y deterioro emocional.

Natalia se puso manos a la obra y empezó por buscar en su interior el origen de su baja autoestima. Y empezó por preguntarse a sí misma ¿por qué tengo miedo a...?

Se cuestionó los por qué de todas las cosas que le impedían avanzar en su vida. ¿Por qué no voy a caer bien en ese grupo?, ¿por qué creo que no voy a saber llevar una conversación en sociedad?, ¿por qué van a pensar que soy fea?, ¿por qué no me va a salir bien?, ¿por qué otros van a destacar más que yo?, ¿por qué voy a parecer ignorante o incompetente?

Nuestro peor enemigo ante la autoestima baja somos nosotros mismos. La falta de acción ha generado que nuestra autoestima disminuya progresivamente al no hacer nada, al mantenernos estáticos ante nuestros miedos. Si decidimos hacer aquello que tememos, probablemente nos salga bien y consigamos subir un nivel detrás de otro nuestra valoración. Así que ya tenemos el primer paso para empezar a convertirnos en una fortaleza, enfrentarnos a las circunstancias. ¿Qué te parece si lo pruebas? ¿Con qué te atreves primero? Te recomiendo que te marques las metas de forma progresiva para ir ganando confianza y ánimo para seguir.

¿Ya lo tienes?

Ahora me gustaría proponerte un ejercicio.

En la televisión estatal van a sacar un nuevo programa. Tienen previsto comenzar las contrataciones hoy mismo. Están buscando gente con talento, pero no se sabrá qué talentos necesitan hasta el final. Puede ser un programa de cocina, así que buscarán talento culinario, puede ser un programa de imagen personal, buscarán talento para el maquillaje, puede ser un programa de humor, buscarán personas con talento para hacer reír, el programa puede ser de cualquier cosa. Pero no tienes que presentarte tú a la selección, sino que tienes que recomendarte en tercera persona, como si recomendaras a una amiga.

Empezaré yo para que lo entiendas mejor:

Quiero recomendar a mi amiga Vera E. para el puesto de "logros".

Es una persona muy cariñosa y trabajadora. Es muy sociable a la que le gusta las reuniones en grupo.

La admiro muchísimo porque es una persona muy trabajadora y no se detiene ante las adversidades.

Para valorarse a sí misma de la forma correcta necesitaría creer en su gran potencial, su valía como persona, como profesional y como madre.

Ella se siente orgullosa de su fuerza de voluntad y su fortaleza emocional.

El talento de Vera E. por excelencia es la voluntad y perseverancia.

Yo he sido muy escueta, pero tú aprovecha y sácate lo mejor que llevas dentro. Es un ejercicio muy gratificante poder exponer todos tus buenos atributos, que seguro tendrás un montón. No te dejes ninguno.

Ahora vamos a mandar a callar a nuestros pensamientos negativos. Esos pensamientos que nos rumian a las personas con baja autoestima y nos castigan en todo momento.

Los pensamientos negativos generan más pensamientos negativos y la suma de éstos, malestar psicológico, miedo, ansiedad, depresión e incluso dolores físicos. Los pensamientos negativos son como los narcisistas, se camuflan muy bien en nuestra mente, así que vamos a descubrir cómo desenmascararlos. Se reconocen por ser repetitivos, no dejamos de oírlos una y otra vez en nuestra mente. Esos pensamientos surgen cuando no reflexionamos sobre el asunto, sino que nos apresuramos a dar una conclusión generalizada. Su visión final siempre es mala o caótica. Todo lo malo que sucede está relacionado con nosotros, somos los culpables o responsables que lo ocurrido.

Algunos de los pensamientos negativos más comunes son:

- No va a funcionar.
- No tengo tiempo.
- ¿Qué van a pensar de mí?
- El mundo es un asco.
- Ya estoy vieja.
- Seguro que no les caigo bien.
- Cualquiera puede hacerlo mejor que yo.
- Todo me sale mal.
- No puedo bajar de peso.
- No tengo dinero.
- Estoy cansada.
- Hay algo malo en mí.

Hay una técnica que nos permite captar esos pensamientos negativos que rondan nuestra mente sin ser casi perceptibles. Consiste en escribirlos cada vez que los detectemos. Luego, junto a cada uno de ellos escribir por qué creemos que esos pensamientos son reales. Seguramente encontremos muchos que no tienen soporte en la realidad. Aun así, si colocamos junto a cada pensamiento negativo su sustituto positivo y lo repetimos como verdadero, nuestro subconsciente terminará por aceptarlo como correcto y eliminará el pensamiento negativo, pero hay que ser constante y perseverante.

¿Te atreves a probarlo?

Si ya has realizado los dos ejercicios, me gustaría que escribieras cómo te sientes y qué cambios has notado en ti.

Puedes repetir estos ejercicios cuantas veces quieras. Con el tiempo conseguirás aumentar tus valores positivos y disminuir o desaparecer tus pensamientos negativos.

CAPÍTULO 17

ENFOCANDO TU FUTURO

Para llevar a cabo cualquier propósito de futuro es fundamental tener un objetivo claro a conseguir y marcarse un plan estratégico para llegar hasta él.

Y pensarás… ¿cuál es mi objetivo? Por ahora el primer paso es reforzarte a ti misma y darte valor para que puedas enfrentarte al resto de tu vida sin el riesgo de volver a ser aspirada por tu narciso o por ningún otro. Tu valía personal es el arma más poderosa con la que cuentas a la hora de establecer tu lugar en el mundo.

Para poder alcanzar ese valor que te mereces, presta atención al siguiente diccionario:

- **Respeto:** Valórate a ti misma como has valorado a los demás. Reconoce tus cualidades y las de otras personas.
- **Compromiso:** Convéncete a ti misma de que vas a lograr cualquier objetivo que te propongas. Trabaja sobre tus logros alcanzados.

- **Tolerancia:** Todos tenemos nuestras limitaciones y creencias limitantes. Tú también. No eres una máquina. Se comprensiva contigo misma y flexibiliza tu crítica interna.
- **Responsabilidad:** Comprométete contigo misma y asume la responsabilidad de tus actos para conseguir el objetivo marcado. El resultado depende de tu grado de compromiso.
- **Honestidad:** Juega limpio, al final a quien único vas a engañar es a ti misma.
- **Sentido de pertenencia:** Siéntete parte de algo. Una comunidad de personas en tu misma situación te puede ayudar.
- **Confianza:** Tú eres la única persona con la que cuentas. Pon a tu servicio tus logros y tus virtudes y confía en ellos porque son los únicos que valen.

El segundo paso sería encontrar aquello hacia donde quieres enfocar tu futuro.

Pilar tiene 58 años. Toda su vida quiso aprender diferentes profesiones creativas y dejar su trabajo de oficina para emprender algo nuevo. Cada vez que intentaba cursar alguna formación con la que salir de su rutina y formarse para ejercer su nueva profesión, el narciso inventaba alguna excusa para que Pilar dejara su formación y no pudiera prosperar.

Como ya eso quedó atrás, el narciso ya no nos controla, ya hemos trabajado el contacto cero o piedra gris y estamos de maravilla disfrutando de nuestra soledad, entonces ahora es el momento de retomar aquellas formaciones y atrevernos con aquel negocio o actividad que nunca pudimos ejercer con el narciso. Incluso cambiar de trabajo o comenzar uno nuevo si no tenemos.

Cuando nos enfocamos en un objetivo que realmente nos cumplimenta, aquella actividad que es para lo que hemos nacido, se minimizan los problemas que nos rodean, porque estamos enfocados en algo positivo y nuestra mente se entusiasma en conseguir las metas, olvidándonos de lo negativo.

En tercer lugar, es ponernos en marcha para conseguir las metas propuestas.

Una vez que hayamos decidido aquello hacia dónde queremos enfocar nuestro futuro, vamos a trazar un plan para conseguirlo.

- **Objetivo:** Lo mejor es escribirlo. Así podremos tenerlo mucho más definido.
- **Fraccionamiento:** Si divides las tareas en partes pequeñas, sentirás que poco a poco vas consiguiendo submetas y tu ánimo irá en aumento. Para eso, es conveniente establecer un tiempo determinado para conseguir la meta final y dividir en porciones de tiempo más pequeño para conseguir las mini metas.
- **De menos a más:** Marca al principio los objetivos más fáciles de conseguir. Te pongo un ejemplo: Si tu meta final es un negocio de manicura, una de las primeras metas sería conseguir algún cliente cercano que te permita trabajar sus manos y ver resultados. Cuando veas que eres capaz de hacer aquello que te has propuesto, pero en pequeño nivel, te habrás incentivado a ti misma para seguir avanzando hacia un nivel superior.

- **Planificación diaria:** Planifica todos los días las tareas que necesitas llevar a cabo para conseguir tus mini metas y tu objetivo final.
- **Recompensa:** No olvides premiarte un premio cada vez que logres tus objetivos.
- **Punto importantísimo:** Olvídate de que el narcisista estuvo alguna vez en tu vida. Ahora eres tú, después tú y siempre tú. No pongas a tus hijos por delante de ti. Si tú te quieres, ellos te van a adorar. Si tú no te quieres, ellos se van a sentir inseguros. Recuerda lo que hablamos de los aviones. Primero te pones tú la mascarilla de oxígeno, para que luego puedas auxiliar a los demás.

Algo que es imprescindible para alcanzar la felicidad es valorarse a sí mismo. En muchas ocasiones habremos oído "***quiérete más***" pero no sabemos lo que significa, porque nunca lo hemos experimentado.

Yo he creado un concepto de quererse a sí mismo: "***Ama a los demás hasta el límite en que te puedan hacer daño***" Desde que alguien sobrepase tus límites y tú se lo permitas, has dejado de quererte. Y aquí surge la siguiente pregunta. ¿cómo marcar límites sin dañar ni ser dañado?

Este punto es sumamente importante para evitar que el narcisista vuelva con el hoovering a captarte y engancharte en la relación que ya habías decidido dejar para siempre.

Poner límites es una forma de comunicarle al otro que nos trate con respeto, dentro de las normas que nosotros mismos consideramos que se deben cumplir para proteger nuestro espacio personal y emocional.

Para logar poner límites a una persona que no está acostumbrada a que nos respetemos, solamente hay que empezar. Después de la primera vez, poco a poco iremos cogiendo la confianza suficiente para sentirnos capaces de hacerlo y mejorar nuestro método. Siempre haciéndolo desde el amor, no por simple imposición. Las primeras veces nos sentiremos inseguros y fallaremos en el propósito, pero no hay que dejar de intentarlo. En la práctica está el logro. Este aprendizaje nos servirá para comenzar, de una manera sana, otra relación en el futuro.

CAPÍTULO 18

TÚ LO ERES TODO

En este momento espero que te sientas como en una nube. Repuesta de muchas situaciones incomprendidas y de muchos sentimientos ahogados. Este es el momento en el que tienes que volar y disfrutar de ese mundo repleto de experiencias por vivir y de momentos por encontrar.

Ahí fuera hay nuevas personas por conocer, nuevos proyectos por los que luchar, nuevas metas por cumplir, y muchas alegrías por disfrutar.

Pero no te enfoques solamente en el futuro muy lejano, porque el pasado ya se fue, el futuro ya vendrá, pero el presente es lo que tienes ahora mismo, es lo que tienes que vivir, lo que tienes que sentir y lo que no tienes que dejar pasar sin darte cuenta.

En la vida compartida con el narcisista, se pasan muchos momentos por alto. Se "desviven" muchas situaciones porque todo pasa tan rápido y triste que no catamos la vida con todo su sabor. Por eso, ahora que el universo nos brinda la oportunidad de comenzar de nuevo, es el momento perfecto para no ponernos límites y recuperarnos totalmente del sufrimiento experimentado con toda nuestra energía puesta en ser mejores personas para nosotras mismas y para aquellos que de forma sana quieran compartir nuestras mejores cualidades.

La vida no espera. No importa si nos equivocamos en nuestro camino, ya hemos aprendido a levantarnos y empezar de nuevo. Demos a la vida la confianza que se merece y participemos de ella y de todo lo que nos ofrece a diario. Agradecer las pequeñas cosas que se nos ofrece, nos hace grandes.

Aunque nos parezca que en nuestra vida pasada estábamos mejor, es porque no estamos valorando las mejoras de nuestra vida presente. Y no nos hemos enfocado en los éxitos de nuestra vida futura. Es tentador renunciar a la lucha y querer volver al pasado, porque la lucha es larga y dura, pero al final tiene su gran recompensa. Avanza para que sea tuya. El pasado fue tu cárcel, disfruta tu libertad.

Yo agradezco ser empática y compasiva. Son dos de las características que suele buscar el narcisista en su víctima, pero también son las que te hacen conectar con la gente buena, con el amor y con tu propio interior. Para el narcisista pasan los años, también envejece, también se deteriora físicamente. Aunque consiga ser una persona adinerada y de mucho éxito social o empresarial, con una pareja espectacular, y una vida aparentemente idílica, en su interior está vacío. Todo su mundo exterior se derrumba cuando a solas siente que su vida sigue estando vacía, que no encuentra con qué llenarla porque ya lo ha conseguido todo y aún sigue vacío y sin medios para encontrar ese suministro que necesita para no hundirse. Mirará atrás y sólo encontrará destrucción a su paso. Su vida se habrá derrumbado sin encontrarle sentido.

Yo no quiero gastar mi vida con una persona así. ¿y tú?

Me gustaría que conocieras la historia de Yolanda.

Yolanda tiene 25 años. Su relación con un narcisista empezó a sus 19 años. Hace 6 años dio inicio una de las historias de abuso, maltrato y destrucción de tantas que he oído contar.

Yolanda fue maltratada física y psicológicamente por su pareja casi desde el inicio de su relación. Cuando el narciso le pegaba ella lo justificaba culpándose porque no le tenía preparada su ropa, o su comida o porque la casa no estaba limpia o porque había estado hablando con su madre por teléfono más de lo normal, o por cualquier otra cosa que al abusador se le ocurriera en ese momento.

Ella estaba como atornillada a esa relación. Era incapaz de salir de ahí, de abandonar. Pero se armó de valor y se arriesgó a probar la vida fuera de esa prisión. Fue muy duro porque su victimario la ultrajaba en cualquier lugar que la encontraba. Los insultos y las vejaciones verbales tras la ruptura eran el pan de cada día. Yolanda temía por su vida, pero no se detuvo. Se propuso recuperar su vida y tomó el camino hacia adelante sin poner el freno en ningún momento hasta que su expareja fue quedándose atrás y le perdió de vista.

Yolanda logró salir de aquel martirio aplicando las técnicas que te he propuesto en este libro.

Se marcó un objetivo y fue a por él hasta que lo consiguió. Ahora mismo, Yolanda se ha licenciado en artes gráficas y trabaja en una importante empresa de diseño web. Aún no tiene pareja, pero vive con su perro Doki en su piso de Valencia y disfruta libremente a diario de su grupo de amig@s y familiares con quienes se siente protegida y amada. Pero sobre todo porque se ama a sí misma.

Tú también puedes lograrlo. Vive el momento. Viaja hacia tu futuro. Acompáñate de tu amor propio, de tu propio cariño y compañía. Eres la única persona que siempre va a estar ahí para cuando la necesites.

Conviértete en tu mejor amiga.

Este libro ha sido creado para inspirarte en tu crecimiento personal y para acompañarte en el duro trayecto de soltar a quien no te merce. El amor no duele. Lo que te crea el dolor es el desamor. Pero siempre llevarás contigo a quien más te ha querido y te querrá en la vida, que eres tú misma.

Cuídate, CONFÍA

CONCLUSIÓN

Recuerdo mis palabras hace 20 años cuando estaba completamente convencida de que aquella persona era la adecuada para mí. Yo siempre decía que no había que fijarse en su físico, en cómo era ni en cómo se comportaba, sino en cómo te sentías tú cuando estabas a su lado. Y me equivoqué al principio y me volví a equivocar más adelante. Al inicio porque realmente sí que hay que fijarse en cómo se comporta esa persona, hay que dar tiempo y reconocer a la pareja en diferentes escenarios antes de tomar decisiones importantes. Más adelante me volví a equivocar porque sí hay que valorar cómo te hace sentir esa persona. Cuando el enamoramiento de cuento ya ha pasado, cómo te hace sentir es lo único que cuenta. Ese es el momento en el que hay que huir sin esperar a averiguar por qué. Sin intentar ser la heroína que resuelva el conflicto.

Pero si has tomado la decisión errónea como yo y te has quedado en la manipulación, es muy complicado salir de ahí ileso.

La naturaleza de los narcisistas es la que es, no se les puede cambiar, pero en mi opinión y tras haber estudiado su comportamiento y su esencia, he comprendido que las víctimas hemos puesto nuestro granito de arena en la relación tóxica que compartimos. Nuestra falta de autoconfianza y autoestima, nuestra necesidad de recibir atención ajena y nuestra falta de valor propio fueron los que levantaron la barrera para dejar entrar a cualquier individuo sin antes pasar el escáner y asegurarnos de que no venía defectuoso. Nunca podremos estar seguros 100%, pero el refuerzo del amor propio juega un papel muy importante a la hora de tomar la decisión que va a afectar al resto de nuestra vida.

Los narcisistas se aprovechan de nuestra falta de autoestima. Aquello de matando al perro se acaba la rabia, yo lo modifico así: "reforzando nuestra autocrítica y poniendo límites, acabamos con los narcisistas"

Recordemos cómo nos atrapan. Con el love bombing nos impregnan de purpurina mágica de cuento de hadas, porque es lo que realmente estamos esperando. Esperamos a ese príncipe azul que nos rescate de la torre, con el que comamos perdices y seamos felices para siempre jamás.

Y una vez que nos tienen en sus garras, el príncipe azul se convierte en ogro. Y nos catapulta de nuevo a la torre, de donde no podemos escapar. Donde sufrimos y nos preguntamos ¿por qué? ¿Qué hicimos?, ¿en qué fallamos? ¿Qué podemos hacer para que vuelva a ser como antes?

En esa torre pasaremos los peores años de nuestra vida, alimentándonos de tristeza, soledad, rechazo y aislamiento. Ese tiempo en el que nos revelaremos, cambiaremos nuestra personalidad, nos volveremos demonios incontrolados o sutiles florecillas lloronas, pero sea como sea dejaremos de ser nosotras. Esas mujeres fuertes, valerosas, alegres, divertidas y decididas que algún día fuimos pero que ya no recordamos.

Hasta que, llegado el momento, nos visite nuestra hada madrina llamada Consciencia y nos obsequie con unos polvos mágicos para saltar de la torre, o que el príncipe narcisista decida tirarnos por una de las ventanas. Entonces durante la caída nos sentiremos aliviadas porque todo ha acabado.

Nunca más lejos de la realidad. Porque al caer al fondo, sentiremos la más dolorosa de las emociones. El desgarro del desamor, de la culpa, del arrepentimiento, de la vergüenza. El enfado por descubrir que nuestro captor nunca fue un príncipe. Que todo había sido un disfraz para poder atraparnos y parasitar nuestros valores que para él eran imposibles de obtener.

Pero a pesar de las heridas y magulladuras de la caída, nos levantaremos y nos alejaremos del torreón lo más sigilosamente posible. Montaremos en nuestro corcel blanco y huiremos a galope hasta desaparecer. Y nuestro captor vendrá a buscarnos y nos encontrará y se arrodillará a nuestros pies para volver a engañarnos. Es entonces cuando debemos sacar, del fondo de nuestro corazón, lo poco que nos queda de dignidad y decir ¡BASTA YA! y echar a correr sin mirar atrás, porque el ogro se va a enfurecer y vendrá a buscarnos, se aliará con el resto de los monstruos del poblado y vendrán a desprestigiarnos, a difamarnos, a destruirnos, a enterrarnos…

Pero no tengas miedo. Tu ya estarás fuerte y sabrás defenderte. Sabrás que tu victoria no la logras con las pertenencias materiales, ni con grandes fortunas, tampoco sustituyendo al ogro por otro ogro. Sabrás que tu fortaleza está en ti. Y por mucho que el ogro intente aniquilarte, sabes que tú eres como el Ave Fénix y que resurgirás de tus cenizas, pero lejos de su alcance. Esa es la verdadera "victoria."

El ogro seguirá viviendo con su máscara falsa y su vida idílica a la vista de todos, pero las cadenas que le mantienen en la prisión del vacío interior son eternas, infinitas, devastadoras. Los años conseguirán que el ogro de piel verde se convierta en ogro de piel gris, con arrugas y verrugas y entonces, solamente le quedará retorcerse de soledad junto a su montaña de fortuna y su corazón vacío.

Pero la princesa reluciente de felicidad tendrá su corazón lleno por el afecto que ella misma es capaz de producir y de repartir a todo el que lo necesite. Completa en su propósito y fortalecida en su persona.

Las relaciones con narcisistas son batallas campales a cuerpo descubierto. Son guerras imposibles de ganar. El triunfo solamente se consigue cuando eres capaz de huir y no mirar atrás. Cuando te alejas de verdad, cuando te valoras a ti misma por encima de cualquier persona. Entonces es cuando has vencido.

Soltar y confiar es la señal de fe más grande que existe. Y yo tomé la decisión de encomendarme al universo y permitirle que fuera él quien tomara las decisiones por mí. Porque yo soy insignificante a su lado. El universo sabe lo que me tiene preparado y yo confío en que sea grandioso y apropiado para mí.

Espero haberte inspirado a tomar tus decisiones tanto si no has caído en las redes como si quieres salir de ellas.

Quiero invitarte a unirte a nuestra comunidad de participación de víctimas de abuso narcisista "MUJERES PODEROSAS" en la que te sentirás arropada por compañeras que han vivido tus mismas experiencias, te comprenden y escuchan y a participar en el programa de recuperación y sanación de abuso narcisista "RECUPERA TU ALMA"

www.vera-autora.com
Whatsapp: +34 606415832
Instagram: @vera_autora
Facebook: vera.autora
Youtube: vera_autora
enlace al funnel: https://acortar.link/7M00Vy
mail: info@vera-autora.com

Pero si sientes la necesidad de ampliar tu información o más herramientas para la recuperación, me puedes contactar al: info@vera-autora.com

Made in United States
North Haven, CT
17 October 2026

20543554R00118